中国市长培训教材 ⑬

改革城市执法体制
改进城市管理工作

全国市长研修学院
中国建设报社 组织编写

中国城市出版社

图书在版编目（CIP）数据

改革城市执法体制　改进城市管理工作 / 全国市长研修
学院，中国建设报社组织编写. —北京：中国城市出版社，
2016.3 （2017.4 重印）

中国市长培训教材

ISBN 978-7-5074-3055-4

Ⅰ.①改… Ⅱ.①全… ②中… Ⅲ.①城市管理—行政执法—
体制改革—中国—干部培训—教材 ②城市管理—中国—干部
培训—教材 Ⅳ.① D922.297 ② F299.23

中国版本图书馆 CIP 数据核字（2016）第 207499 号

责任编辑：尚春明　欧阳东　宋　凯　陈小娟　周方圆
责任校对：李欣慰　党　蕾
责任印制：张建军

中国市长培训教材 ⑬

改革城市执法体制　改进城市管理工作

全国市长研修学院
中国建设报社　组织编写

*

中国城市出版社出版、发行（北京海淀区三里河路 9 号）

营销电话：(010)63454857，63289949；传真：(010)63421417

各地新华书店、建筑书店经销

北京锋尚制版有限公司制版

北京圣夫亚美印刷有限公司印刷

*

开本：710×1000 毫米　1/16　印张：17.5　字数：241 千字

2016 年 9 月第一版　2017 年 4 月第四次印刷

定价：**36.00** 元

ISBN 978-7-5074-3055-4

(900187)

出版说明

党中央、国务院高度重视城市管理工作。"理顺城管执法体制，加强城市管理综合执法机构建设，提高执法和服务水平"，既是党的十八届四中全会的明确要求，也是2015年中央全面深化改革的重点任务之一。

2015年12月，《中共中央　国务院关于深入推进城市执法体制改革改进城市管理工作的指导意见》（中发〔2015〕37号，以下简称《指导意见》）正式印发，标志着我国城市管理工作迈入了崭新的历史时期。《指导意见》明确了推进城市执法体制改革、改进城市管理工作的指导思想、基本原则、总体目标和重点任务，是指导我国当前和今后一个时期城市管理工作的纲领性文件，具有里程碑式的意义。

为深入学习贯彻《指导意见》精神，帮助广大党员、领导干部特别是住房城乡建设领域干部职工更好地把握和落实《指导意见》要求，进一步提高全国城市管理工作者的能力和水平，在广泛调研的基础上，结合工作实际，我们组织力量编写了本教材。

本书以《指导意见》为依据，围绕总体要求、理顺管理体制、强化队伍建设、提高执法水平、完善城市管理、创新治理方式、完善保障机制、加强组织领导八个方面，对推进城市执法体制改革、改进城市管理工作的目标任务和重点举措等作了深入阐释。一方面，可为改革城市执法体制和改进城市管理工作提供参考借鉴；另一方面，也为广大干部群众进行相关领域理论学习和开展政策研究提供帮助。

在本书的编辑出版过程中，得到了住房城乡建设部有关司局的大力支持，江小群、董红梅、宋友春、杜久才、欧阳东、王立秋、刘昕、杨海英、张斌、高扬、伍佳、曾应刚、王策、袁雷、朱宇玉等同志做了大量工作，在此一并表示感谢。

由于时间仓促，编写过程中难免有不当之处，敬请广大读者提出批评意见。

目　录

强化队伍建设

提高执法水平

完善城市管理

创新治理方式

完善保障机制

加强组织领导

中共中央　国务院
关于深入推进城市执法体制改革
改进城市管理工作的指导意见

（2015 年 12 月 24 日）

改革开放以来，我国城镇化快速发展，城市规模不断扩大，建设水平逐步提高，保障城市健康运行的任务日益繁重，加强和改善城市管理的需求日益迫切，城市管理工作的地位和作用日益突出。各地区各有关方面适应社会发展形势，积极做好城市管理工作，探索提高城市管理执法和服务水平，对改善城市秩序、促进城市和谐、提升城市品质发挥了重要作用。但也要清醒看到，与新型城镇化发展要求和人民群众生产生活需要相比，我国多数地区在城市市政管理、交通运行、人居环境、应急处置、公共秩序等方面仍有较大差距，城市管理执法工作还存在管理体制不顺、职责边界不清、法律法规不健全、管理方式简单、服务意识不强、执法行为粗放等问题，社会各界反映较为强烈，在一定程度上制约了城市健康发展和新型城镇化的顺利推进。

深入推进城市管理执法体制改革，改进城市管理工作，是落实"四个全面"战略布局的内在要求，是提高政府治理能力的重要举措，是增进民生福祉的现实需要，是促进城市发展转型的必然选择。为理顺城市管理执法体制，解决城市管理面临的突出矛盾和问题，消除城市管理工作中的短板，进一步提高城市管理和公共服务水平，现提出以下意见。

一、总体要求

（一）指导思想

深入贯彻党的十八大和十八届二中、三中、四中、五中全会及中央城镇化工作会议、中央城市工作会议精神，以"四个全面"战略布局为引领，牢固树立创新、协调、绿色、开放、共享的发展理念，以城市管理现代化为指向，以理顺体制机制为途径，将城市管理执法体制改革作为推进城市发展方式转变的重要手段，与简政放权、放管结合、转变政府职能、规范行政权力运行等有机结合，构建权责明晰、服务为先、管理优化、执法规范、安全有序的城市管理体制，推动城市管理走向城市治理，促进城市运行高效有序，实现城市让生活更美好。

（二）基本原则

——坚持以人为本。牢固树立为人民管理城市的理念，强化宗旨意识和服务意识，落实惠民和便民措施，以群众满意为标准，切实解决社会各界最关心、最直接、最现实的问题，努力消除各种"城市病"。

——坚持依法治理。完善执法制度，改进执法方式，提高执法素养，把严格规范公正文明执法的要求落实到城市管理执法全过程。

——坚持源头治理。增强城市规划、建设、管理的科学性、系统性和协调性，综合考虑公共秩序管理和群众生产生活需要，合理安排各类公共设施和空间布局，加强对城市规划、建设实施情况的评估和反馈。变被动管理为主动服务，变末端执法为源头治理，从源头上预防和减少违法违规行为。

——坚持权责一致。明确城市管理和执法职责边界，制定权力清单，落实执法责任，权随事走、人随事调、费随事转，实现事权和支出相适应、权力和责任相统一。合理划分城市管理事权，实行属地管理，明确市、县政府在城市管理和执法中负主体责任，充实一线人员力量，落实执法运行经费，将工作重点放在基层。

——坚持协调创新。加强政策措施的配套衔接，强化部门联动配合，有序推进相关工作。以网格化管理、社会化服务为方向，以智慧城市建设为契机，充分发挥现代信息技术的优势，加快形成与经济社会发展相匹配的城市管理能力。

（三）总体目标

到2017年年底，实现市、县政府城市管理领域的机构综合设置。到2020年，城市管理法律法规和标准体系基本完善，执法体制基本理顺，机构和队伍建设明显加强，保障机制初步完善，服务便民高效，现代城市治理体系初步形成，城市管理效能大幅提高，人民群众满意度显著提升。

二、理顺管理体制

（四）匡定管理职责

城市管理的主要职责是市政管理、环境管理、交通管理、应急管理和城市规划实施管理等。具体实施范围包括：市政公用设施运行管理、市容环境卫生管理、园林绿化管理等方面的全部工作；市、县政府依法确定的，与城市管理密切相关、需要纳入统一管理的公共空间秩序管理、违法建设治理、环境保护管理、交通管理、应急管理等方面的部分工作。城市管理执法即是在上述领域根据国家法律法规规定履行行政执法权力的行为。

（五）明确主管部门

国务院住房和城乡建设主管部门负责对全国城市管理工作的指导，研究拟定有关政策，制定基本规范，做好顶层设计，加强对省、自治区、直辖市城市管理工作的指导监督协调，积极推进地方各级政府城市管理事权法律化、规范化。各省、自治区、直辖市政府应当确立相应的城市管理主管部门，加强对辖区内城市管理工作的业务指导、组织协调、监督检查和考核评价。各地应科学划分城市管理部门与相关行政主管部门的工作职责，有关管理和执法职责划转城市管理部门后，原主管部门不再行使。

（六）综合设置机构

按照精简统一效能的原则，住房城乡建设部会同中央编办指导地方整合归并省级执法队伍，推进市县两级政府城市管理领域大部门制改革，整合市政公用、市容环卫、园林绿化、城市管理执法等城市管理相关职能，实现管理执法机构综合设置。统筹解决好机构性质问题，具备条件的应当纳入政府机构序列。遵循城市运行规律，建立健全以城市良性运行为核心，地上地下设施建设运行统筹协调的城市管理体制机制。有条件的市和县应当建立规划、建设、管理一体化的行政管理体制，强化城市管理和执法工作。

（七）推进综合执法

重点在与群众生产生活密切相关、执法频率高、多头执法扰民问题突出、专业技术要求适宜、与城市管理密切相关且需要集中行使行政处罚权的领域推行综合执法。具体范围是：住房城乡建设领域法律法规规章规定的全部行政处罚权；环境保护管理方面社会生活噪声污染、建筑施工噪声污染、建筑施工扬尘污染、餐饮服务业油烟污染、露天烧烤污染、城市焚烧沥青塑料垃圾等烟尘和恶臭污染、露天焚烧秸秆落叶等烟尘污染、燃放烟花爆竹污染等的行政处罚权；工商管理方面户外公共场所无照经营、违规设置户外广告的行政处罚权；交通管理方面侵占城市道路、违法停放车辆等的行政处罚权；水务管理方面向城市河道倾倒废弃物和垃圾及违规取土、城市河道违法建筑物拆除等的行政处罚权；食品药品监管方面户外公共场所食品销售和餐饮摊点无证经营，以及违法回收贩卖药品等的行政处罚权。城市管理部门可以实施与上述范围内法律法规规定的行政处罚权有关的行政强制措施。到2017年年底，实现住房城乡建设领域行政处罚权的集中行使。上述范围以外需要集中行使的具体行政处罚权及相应的行政强制权，由市、县政府报所在省、自治区政府审批，直辖市政府可以自行确定。

（八）下移执法重心

按照属地管理、权责一致的原则，合理确定设区的市和市辖区城市管理部门的职责分工。市级城市管理部门主要负责城市管理和执法工作的指导、监督、考核，以及跨区域及重大复杂违法违规案件的查处。按照简政放权、放管结合、优化服务的要求，在设区的市推行市或区一级执法，市辖区能够承担的可以实行区一级执法，区级城市管理部门可以向街道派驻执法机构，推动执法事项属地化管理；市辖区不能承担的，市级城市管理部门可以向市辖区和街道派驻执法机构，开展综合执法工作。派驻机构业务工作接受市或市辖区城市管理部门的领导，日常管理以所在市辖区或街道为主，负责人的调整应当征求派驻地党（工）委的意见。逐步实现城市管理执法工作全覆盖，并向乡镇延伸，推进城乡一体化发展。

三、强化队伍建设

（九）优化执法力量

各地应当根据执法工作特点合理设置岗位，科学确定城市管理执法人员配备比例标准，统筹解决好执法人员身份编制问题，在核定的行政编制数额内，具备条件的应当使用行政编制。执法力量要向基层倾斜，适度提高一线人员的比例，通过调整结构优化执法力量，确保一线执法工作需要。区域面积大、流动人口多、管理执法任务重的地区，可以适度调高执法人员配备比例。

（十）严格队伍管理

建立符合职业特点的城市管理执法人员管理制度，优化干部任用和人才选拔机制，严格按照公务员法有关规定开展执法人员录用等有关工作，加大接收安置军转干部的力度，加强领导班子和干部队伍建设。根据执法工作需要，统一制式服装和标志标识，制定执法执勤用车、装备配备标准，到2017年年底，实现执法制式服装和标志标识统一。严格执法人员素质要求，加强思想道德和素质教育，着力提升执法人员业务能力，打造政治坚定、作风优良、纪律严明、廉洁务实的执法队伍。

（十一）注重人才培养

加强现有在编执法人员业务培训和考试，严格实行执法人员持证上岗和资格管理制度，到2017年年底，完成处级以上干部轮训和持证上岗工作。建立符合职业特点的职务晋升和交流制度，切实解决基层执法队伍基数大、职数少的问题，确保部门之间相对平衡、职业发展机会平等。完善基层执法人员工资政策。研究通过工伤保险、抚恤等政策提高风险保障水平。鼓励高等学校设置城市管理专业或开设城市管理课程，依托党校、行政学院、高等学校等开展岗位培训。

（十二）规范协管队伍

各地可以根据实际工作需要，采取招用或劳务派遣等形式配置城市管理执法协管人员。建立健全协管人员招聘、管理、奖惩、退出等制度。协管人员数量不得超过在编人员，并应当随城市管理执法体制改革逐步减少。协管人员只能配合执法人员从事宣传教育、巡查、信息收集、违法行为劝阻等辅助性事务，不得从事具体行政执法工作。协管人员从事执法辅助事务以及超越辅助事务所形成的后续责任，由本级城市管理部门承担。

四、提高执法水平

（十三）制定权责清单

各地要按照转变政府职能、规范行政权力运行的要求，全面清理调整现有城市管理和综合执法职责，优化权力运行流程。依法建立城市管理和综合执法部门的权力和责任清单，向社会公开职能职责、执法依据、处罚标准、运行流程、监督途径和问责机制。制定责任清单与权力清单工作要统筹推进，并实行动态管理和调整。到2016年年底，市、县两级城市管理部门要基本完成权力清单和责任清单的制定公布工作。

（十四）规范执法制度

各地城市管理部门应当切实履行城市管理执法职责，完善执法程序，规范办案流程，明确办案时限，提高办案效率。积极推行执法办案评议考核制度和执法公示制度。健全行政处罚适用规则和裁量基准制度、执法全过程记录制度。严格执行重大执法决定法制审核制度。杜绝粗暴执法和选择性执法，确保执法公信力，维护公共利益、人民权益和社会秩序。

（十五）改进执法方式

各地城市管理执法人员应当严格履行执法程序，做到着装整齐、用语规范、举止文明，依法规范行使行政检查权和行政强制权，严禁随意采取强制执法措施。坚持处罚与教育相结合的原则，根据违法行为的性质和危害后果，灵活运用不同执法方式，对情节较轻或危害后果能够及时消除的，应当多做说服沟通工作，加强教育、告诫、引导。综合运用行政指导、行政奖励、行政扶助、行政调解等非强制行政手段，引导当事人自觉遵守法律法规，及时化解矛盾纷争，促进社会和谐稳定。

（十六）完善监督机制

强化外部监督机制，畅通群众监督渠道、行政复议渠道，城市管理部门和执法人员要主动接受法律监督、行政监督、社会监督。强化内部监督机制，全面落实行政执法责任制，加强城市管理部门内部流程控制，健全责任追究机制、纠错问责机制。强化执法监督工作，坚决排除对执法活动的违规人为干预，防止和克服各种保护主义。

五、完善城市管理

（十七）加强市政管理

市政公用设施建设完成后，应当及时将管理信息移交城市管理部门，并建立完备的城建档案，实现档案信息共享。加强市政公用设施管护工作，保障安全高效运行。加强城市道路管理，严格控制道路开挖或占用道路行为。加强城市地下综合管廊、给排水和垃圾处理等基础设施管理，服务入廊单位生产运行和市民日常生活。

（十八）维护公共空间

加强城市公共空间规划，提升城市设计水平。加强建筑物立面管理和色调控制，规范报刊亭、公交候车亭等"城市家具"设置，加强户外广告、门店牌匾设置管理。加强城市街头流浪乞讨人员救助管理。严查食品无证摊贩、散发张贴小广告、街头非法回收药品、贩卖非法出版物等行为。及时制止、严肃查处擅自变更建设项目规划设计和用途、违规占用公共空间以及乱贴乱画乱挂等行为，严厉打击违法用地、违法建设行为。

（十九）优化城市交通

坚持公交优先战略，着力提升城市公共交通服务水平。加强不同交通工具之间的协调衔接，倡导步行、自行车等绿色出行方式。打造城市交通微循环系统，加大交通需求调控力度，优化交通出行结构，提高路网运行效率。加强城市交通基础设施和智能化交通指挥设施管理维护。整顿机动车交通秩序。加强城市出租客运市场管理。加强静态交通秩序管理，综合治理非法占道停车及非法挪用、占用停车设施，鼓励社会资本投入停车场建设，鼓励单位停车场错时对外开放，逐步缓解停车难问题。

（二十）改善人居环境

切实增加物质和人力投入，提高城市园林绿化、环卫保洁水平，加强大气、噪声、固体废物、河湖水系等环境管理，改善城市人居环境。规范建筑施工现场管理，严控噪声扰民、施工扬尘和渣土运输抛洒。推进垃圾减量化、资源化、无害化管理。加强废弃电器电子产品回收处理和医疗垃圾集中处理管理。大力开展爱国卫生运动，提高城市卫生水平。

（二十一）提高应急能力

提高城市防灾减灾能力，保持水、电、气、热、交通、通信、网络等城市生命线系统畅通。建立完善城市管理领域安全监管责任制，强化重大危险源监控，消除重大事故隐患。加强城市基础设施安全风险隐患排查，建立分级、分类、动态管理制度。完善城市管理应急响应机制，提高突发事件处置能力。强化应急避难场所、设施设备管理，加强各类应急物资储备。建立应急预案动态调整管理制度，经常性开展疏散转移、自救互救等综合演练。做好应对自然灾害等突发事件的军地协调工作。

（二十二）整合信息平台

积极推进城市管理数字化、精细化、智慧化，到2017年年底，所有市、县都要整合形成数字化城市管理平台。基于城市公共信息平台，综合运用物联网、云计算、大数据等现代信息技术，整合人口、交通、能源、建设等公共设施信息和公共基础服务，拓展数字化城市管理平台功能。加快数字化城市管理向智慧化升级，实现感知、分析、服务、指挥、监察"五位一体"。整合城市管理相关电话服务平台，形成全国统一的12319城市管理服务热线，并实现与110报警电话等的对接。综合利用各类监测监控手段，强化视频监控、环境监测、交通运行、供水供气供电、防洪防涝、生命线保障等城市运行数据的综合采集和管理分析，形成综合性城市管理数据库，重点推进城市建筑物数据库建设。强化行政许可、行政处罚、社会诚信等城市管理全要素数据的采集与整合，提升数据标准化程度，促进多部门公共数据资源互联互通和开放共享，建立用数据说话、用数据决策、用数据管理、用数据创新的新机制。

（二十三）构建智慧城市

加强城市基础设施智慧化管理与监控服务，加快市政公用设施智慧化改造升级，构建城市虚拟仿真系统，强化城镇重点应用工程建设。发展智慧水务，构建覆盖供水全过程、保障供水质量安全的智能供排水和污水处理系统。发展智慧管网，实现城市地下空间、地下综合管廊、地下管网管理信息化和运行智能化。发展智能建筑，实现建筑设施设备节能、安全的智能化管控。加快城市管理和综合执法档案信息化建设。依托信息化技术，综合利用视频一体化技术，探索快速处置、非现场执法等新型执法模式，提升执法效能。

六、创新治理方式

（二十四）引入市场机制

发挥市场作用，吸引社会力量和社会资本参与城市管理。鼓励地方通过政府和社会资本合作等方式，推进城市市政基础设施、市政公用事业、公共交通、便民服务设施等的市场化运营。推行环卫保洁、园林绿化管养作业、公共交通等由政府向社会购买服务，逐步加大购买服务力度。综合运用规划引导、市场运作、商户自治等方式，顺应历史沿革和群众需求，合理设置、有序管理方便生活的自由市场、摊点群、流动商贩疏导点等经营场所和服务网点，促创业、带就业、助发展、促和谐。

（二十五）推进网格管理

建立健全市、区（县）、街道（乡镇）、社区管理网络，科学划分网格单元，将城市管理、社会管理和公共服务事项纳入网格化管理。明确网格管理对象、管理标准和责任人，实施常态化、精细化、制度化管理。依托基层综合服务管理平台，全面加强对人口、房屋、证件、车辆、场所、社会组织等各类基础信息的实时采集、动态录入，准确掌握情况，及时发现和快速处置问题，有效实现政府对社会单元的公共管理和服务。

（二十六）发挥社区作用

加强社区服务型党组织建设，充分发挥党组织在基层社会治理中的领导核心作用，发挥政府在基层社会治理中的主导作用。依法建立社区公共事务准入制度，充分发挥社区居委会作用，增强社区自治功能。充分发挥社会工作者等专业人才的作用，培育社区社会组织，完善社区协商机制。推动制定社区居民公约，促进居民自治管理。建设完善社区公共服务设施，打造方便快捷生活圈。通过建立社区综合信息平台、编制城市管理服务图册、设置流动服务站等方式，提供惠民便民公共服务。

（二十七）动员公众参与

依法规范公众参与城市治理的范围、权利和途径，畅通公众有序参与城市治理的渠道。倡导城市管理志愿服务，建立健全城市管理志愿服务宣传动员、组织管理、激励扶持等制度和组织协调机制，引导志愿者与民间组织、慈善机构和非营利性社会团体之间的交流合作，组织开展多形式、常态化的志愿服务活动。依法支持和规范服务性、公益性、互助性社会组织发展。采取公众开放日、主题体验活动等方式，引导社会组织、市场中介机构和公民法人参与城市治理，形成多元共治、良性互动的城市治理模式。

（二十八）提高文明意识

把培育和践行社会主义核心价值观作为城市文明建设的根本任务，融入国民教育和精神文明创建全过程，广泛开展城市文明教育，大力弘扬社会公德。深化文明城市创建，不断提升市民文明素质和城市文明程度。积极开展新市民教育和培训，让新市民尽快融入城市生活，促进城市和谐稳定。充分发挥各级党组织和工会、共青团、妇联等群团组织的作用，广泛开展城市文明主题宣传教育和实践活动。加强社会诚信建设，坚持将公约引导、信用约束、法律规制相结合，以他律促自律。

七、完善保障机制

（二十九）健全法律法规

加强城市管理和执法方面的立法工作，完善配套法规和规章，实现深化改革与法治保障有机统一，发挥立法对改革的引领和规范作用。有立法权的城市要根据立法法的规定，加快制定城市管理执法方面的地方性法规、规章，明晰城市管理执法范围、程序等内容，规范城市管理执法的权力和责任。全面清理现行法律法规中与推进城市管理执法体制改革不相适应的内容，定期开展规章和规范性文件清理工作，并向社会公布清理结果，加强法律法规之间的衔接。加快制定修订一批城市管理和综合执法方面的标准，形成完备的标准体系。

（三十）保障经费投入

按照事权和支出责任相适应原则，健全责任明确、分类负担、收支脱钩、财政保障的城市管理经费保障机制，实现政府资产与预算管理有机结合，防止政府资产流失。城市政府要将城市管理经费列入同级财政预算，并与城市发展速度和规模相适应。严格执行罚缴分离、收支两条线制度，不得将城市管理经费与罚没收入挂钩。各地要因地制宜加大财政支持力度，统筹使用有关资金，增加对城市管理执法人员、装备、技术等方面的资金投入，保障执法工作需要。

（三十一）加强司法衔接

建立城市管理部门与公安机关、检察机关、审判机关信息共享、案情通报、案件移送等制度，实现行政处罚与刑事处罚无缝对接。公安机关要依法打击妨碍城市管理执法和暴力抗法行为，对涉嫌犯罪的，应当依照法定程序处理。检察机关、审判机关要加强法律指导，及时受理、审理涉及城市管理执法的案件。检察机关有权对城市管理部门在行政执法中发现涉嫌犯罪案件线索的移送情况进行监督，城市管理部门对于发现的涉嫌犯罪案件线索移送不畅的，可以向检察机关反映。加大城市管理执法行政处罚决定的行政和司法强制执行力度。

八、加强组织领导

（三十二）明确工作责任

加强党对城市管理工作的组织领导。各级党委和政府要充分认识推进城市管理执法体制改革、改进城市管理工作的重要性和紧迫性，把这项工作列入重要议事日程，按照有利于服务群众的原则，切实履行领导责任，研究重大问题，把握改革方向，分类分层推进。各省、自治区可以选择一个城市先行试点，直辖市可以全面启动改革工作。各省、自治区、直辖市政府要制定具体方案，明确时间步骤，细化政策措施，及时总结试点经验，稳妥有序推进改革。上级政府要加强对下级政府的指导和督促检查，重要事项及时向党委报告。中央和国家机关有关部门要增强大局意识、责任意识，加强协调配合，支持和指导地方推进改革工作。

（三十三）建立协调机制

建立全国城市管理工作部际联席会议制度，统筹协调解决制约城市管理工作的重大问题，以及相关部门职责衔接问题。各省、自治区政府应当建立相应的协调机制。市、县政府应当建立主要负责同志牵头的城市管理协调机制，加强对城市管理工作的组织协调、监督检查和考核奖惩。建立健全市、县相关部门之间信息互通、资源共享、协调联动的工作机制，形成管理和执法工作合力。

（三十四）健全考核制度

将城市管理执法工作纳入经济社会发展综合评价体系和领导干部政绩考核体系，推动地方党委、政府履职尽责。推广绩效管理和服务承诺制度，加快建立城市管理行政问责制度，健全社会公众满意度评价及第三方考评机制，形成公开、公平、公正的城市管理和综合执法工作考核奖惩制度体系。加强城市管理效能考核，将考核结果作为城市党政领导班子和领导干部综合考核评价的重要参考。

（三十五）严肃工作纪律

各级党委和政府要严格执行有关编制、人事、财经纪律，严禁在推进城市管理执法体制改革工作中超编进人、超职数配备领导干部、突击提拔干部。对违反规定的，要按规定追究有关单位和人员的责任。在职责划转、机构和人员编制整合调整过程中，应当按照有关规定衔接好人财物等要素，做好工作交接，保持工作的连续性和稳定性。涉及国有资产划转的，应做好资产清查工作，严格执行国有资产管理有关规定，确保国有资产安全完整。

（三十六）营造舆论环境

各级党委和政府要高度重视宣传和舆论引导工作，加强中央与地方的宣传联动，将改革实施与宣传工作协同推进，正确引导社会预期。加强对城市管理执法先进典型的正面宣传，营造理性、积极的舆论氛围，及时回应社会关切，凝聚改革共识。推进城市管理执法信息公开，保障市民的知情权、参与权、表达权、监督权。加强城市管理执法舆情监测、研判、预警和应急处置，提高舆情应对能力。

住房城乡建设部、中央编办、国务院法制办要及时总结各地经验，切实强化对推进城市管理执法体制改革、提高城市管理水平相关工作的协调指导和监督检查。重大问题要及时报告党中央、国务院。中央将就贯彻落实情况适时组织开展专项监督检查。

改革城市执法体制　改进城市管理工作
让城市成为人民追求更加美好生活的有力依托

住房城乡建设部党组书记、部长　陈政高

近日，中共中央、国务院印发了《关于深入推进城市执法体制改革改进城市管理工作的指导意见》（以下简称《指导意见》）。《指导意见》明确了工作的指导思想、基本原则、总体目标和重点任务，这是我国当前和今后一个时期城市管理工作的纲领性文件。

党中央、国务院高度重视城市管理工作。习近平总书记多次强调，要加强党对城市工作的领导，城市管理工作要主动适应新型城镇化发展要求和人民群众生产生活需要，以城市管理现代化为指向，改革城市管理体制，理顺各部门职责分工，提高城市管理和执法水平，加强城市安全监管，让城市成为人民追求更加美好生活的有力依托。李克强总理指出，把城市规划好、建设好、管理好，是各级政府的重要任务，也是推进新型城镇化的必然要求；我国城市管理仍是一块"短板"，也需要政府改变重建设轻管理的现象，使城市的运营和服务更加便利化、人性化。

一、《指导意见》出台的背景

城市是现代文明的标志，是我国经济、政治、文化、社会等方面活动的中心，在党和国家工作全局中具有举足轻重的地位。目前，我国有一半以上人口生活在城市。城市环境好不好，城市竞争力高不高，既要靠建设，更要靠管理，建设提供硬环境，管理增强软实力。管理工作跟不上，城市功能和形象都会大打折扣。

改革开放以来，在党中央、国务院的正确领导下，我国经历了世界历史上规模最大、速度最快的城镇化进程，城市发展波澜壮阔，取得了举世瞩目的成就。截至2014年年底，全国城市建成区面积已由1981年的0.74万平方公里增加到4.87万平方公里，增长5.6倍；城镇人口已由1978年的1.7亿增加到7.5亿，增长3.4倍；城市数量已由1978年的193个增加到653个，增长2.4倍；城镇化率已由1978年的17.9%增加到54.8%。

随着城市的快速发展，城市管理和执法工作也在积极探索中不断推进，取得了积极成效。一是城市管理体制机制初步建立，全国3191个县级以上地方政府中，有3074个设立了专门的城市管理执法机构。二是城市管理执法队伍初步形成，全国县级以上城市管理机构执法人员已达45.5万人。三是城市管理数字化开始提速，全国有1127个市、县政府已经建成了数字化城市管理平台，占36.7%。在各方面共同努力下，城市面貌、环境和秩序普遍有了明显改善，基本满足了城市快速发展的需求，也基本满足了城市居民的生产生活需求。

当前，我国城市发展已开始转向规模扩张和质量提升并重的阶段，城市管理工作也将迎来许多新任务，既要加强对城市空间资源、公共秩序、运行环境的管理，还要为城市居民宜居宜业提供服务保障。但现有的城市执法体制和城市管理工作，一些已不适应新的形势和要求，主要表现在：

一是管理理念落后。一些地方对城市发展和城市管理规律认识不足，城市管理的整体性和系统性不强。重建设、轻管理，重末端管控、轻源头治理。城市管理工作的定位存在偏差，在城市管理"为了谁"、"依靠谁"问题上认识模糊。

二是管理体制不顺。国家和省级层面缺乏专门的城市管理主管部门，对各市、县城市管理工作缺乏必要的督促和指导。一些地方城市管理机构设置不科学，职责边界不清，城市管理执法机构与专业管理部门之间互相推诿扯皮。

三是法律法规不健全。城市管理和执法工作缺乏专门的法律法规，执法主体资格不明确，执法程序不规范。据不完全统计，目前城市管理执法工作依据涉及53部法律法规，有的长期没有修订，有的存在交叉重叠，已不能满足新形势下城市管理和执法工作的需要。

四是管理方式简单。一些地方习惯于运动式管理，热衷于突击性整治，缺乏有效的日常监督管理和评价考核机制。城市管理信息化水平不高，发现和解决问题的效能有待提升。部门协调机制不健全，联动配合难度大，难以形成整体合力。

五是服务意识不强。一些地方过于依赖行政处罚手段，惠民便民服务不够，不能正确处理服务、管理、执法之间的关系。城市基础设施和公共服务设施配套不足、欠账较多，不能满足城市发展和市民的生产生活需要。

六是执法方式简单。多数地区城市管理执法队伍身份编制不一，部分执法人员素质不高。全国执法制式服装、执法标志标识不统一，执法行为不规范，选择性执法、暴力执法等群众反映强烈的问题时有发生。

根据党的十八届四中全会决定，按照中央统一部署，2014年12月以来，由住房城乡建设部、中央编办、国务院法制办牵头，会同财政部、人力资源社会保障部等14个部门，开展了大量的调查研究工作，听取了省、市、县人民政府和相关部门、专家学者的意见和建议，研究提出了改革城市执法体制、改进城市管理工作的政策措施。在此基础上，经中央深化改革领导小组第18次会议审议通过，出台了《指导意见》。

二、《指导意见》出台的重要意义

（一）落实"四个全面"战略布局的内在要求。城市管理是提升城市综合承载能力和发展质量的重要保障，是党和政府依法治国能力的直接体现。城市执法体制改革是建立依法行政体制、加快建设法治政府的重要内容。《指导意见》以实施"四个全面"战略布局为引领，将城市执法体制改革作为推进城市发展方式转变的重要手段，与简政放权、放管结合、转变政府职能、规范行政权力运行等有机结合，理顺管理体制，提高执法水平，完善城市管理。

（二）提高政府治理能力的重要举措。党的十八届三中全会提出，"鼓励和支持社会各方面参与，实现政府治理和社会自我调节、居民自治良性互动"。从城市管理走向城市治理，是国内外城市管理发展的共同趋势。我国许多城市进行了积极探索，积累了一定经验。《指导意见》从城市管理服务市场化、城市网格化管理、社区治理、公众参与、城市文明创建等角度，推动形成多元共治的城市治理模式，逐步形成现代城市治理体系。

（三）增进民生福祉的现实需要。城市是人民生活的家园。《指导意见》针对近年来城市快速扩张过程中普遍积累的"城市病"和社会矛盾，顺应人民提升生活质量、生活品位愿望要求。将以人为本的思想贯穿始终，把为人民服务作为城市管理和执法工作的出发点和落脚点，通过强化为民意识，落实惠民措施，提供便民服务，让人民群众有更多的获得感，实现城市让生活更美好。

（四）促进城市转型发展的必然选择。当前，我国城市发展进入新的阶段，城市工作的重心由大规模的开发建设，转为建设与管理并重，加强对城市空间资源、公共秩序、运行环境的管理，为城市居民宜居宜业提供服务保障。《指导意见》顺应城市转型发展的大势，推动城市管理和执法理念转变，改革城市管理体制机制，推进市、县两级政府规划、建设、管理部门综合执法，加快形成与城市发展相匹配的城市管理能力，创造良好人居环境。

三、《指导意见》确立的总体思路和重点任务

《指导意见》明确了新形势下推进城市执法体制改革、改进城市管理工作的总体思路：深入贯彻党的十八大和十八届二中、三中、四中、五中全会及中央城镇化工作会议、中央城市工作会议精神，以"四个全面"战略布局为引领，牢固树立创新、协调、绿色、开放、共享的发展理念，以城市管理现代化为指向，以理顺体制机制为途径，将城市执法体制改革作为推进城市发展方式转变的重要手段，与简政放权、放管结合、转变政府职能、规范行政权力运行等有机结合，构建权责明晰、服务为先、管理优化、执法规范、安全有序的城市管理体制，推动城市管理走向城市治理，促进城市运行高效有序，实现城市让生活更美好。

《指导意见》提出，到2017年年底，实现市、县人民政府城市管理领域的机构综合设置。到2020年，城市管理法律法规和标准体系基本完善，执法体制基本理顺，机构和队伍建设明显加强，保障机制初步完善，服务便民高效，

现代城市治理体系初步形成，城市管理效能大幅提高，人民群众满意度显著提升。

《指导意见》从七个方面明确了深入推进城市执法体制改革、改进城市管理工作的重点任务。

一是理顺管理体制。匡定城市管理职责边界；明确部、省城市管理主管部门；推进市、县城市管理领域机构综合设置；推行城市管理领域综合执法；下移执法重心。

二是强化队伍建设。优化执法力量配备，严格执法队伍管理，完善人才培养机制，加强协管队伍管理，塑造城市管理执法队伍的良好形象。

三是提高执法水平。健全权力清单和责任清单制度，规范执法办案制度，改进执法方式，完善监督机制，将城市管理执法权力关进"制度的笼子"。

四是完善城市管理。提高市政公用设施运行能力，规范城市公共空间秩序管理，优化城市交通管理，改善城市人居环境，提高城市应急管理水平。整合信息平台，构建智慧城市。

五是创新治理方式。引入市场机制，推进网格管理，提高社区治理和服务能力，加大公众参与力度，提高全民城市文明意识，推动城市管理走向城市治理。

六是完善保障机制。加强法制保障，建立健全法律法规和规范体系；加强财政保障，健全城市管理经费保障体制；加强城市管理执法与刑事司法的衔接，强化执法协作。

七是加强组织领导。加强党对城市管理工作的组织领导，明确工作责任，严肃工作纪律，稳妥有序推进改革。建立综合协调机制和综合考核制度，加强宣传和舆论引导，推进信息公开，提高舆情应对能力。

四、扎实推进《指导意见》的贯彻落实

深入推进城市执法体制改革、改进城市管理工作是一项复杂的系统工程，涉及面广，政策性强，调整难度大，落实的任务艰巨而繁重。我们要认真学习领会《指导意见》精神，充分认识推进城市执法体制改革、改进城市管理工作的重要性和紧迫性，按照有利于服务人民的原则，以敢于担当的勇气、坚持不懈的毅力、雷厉风行的作风，切实将《指导意见》各项部署要求落到实处。

一是加强党对城市管理工作的组织领导。习近平总书记强调，地方各级党委对本地区改革任务承担主体责任，党委书记既要亲自抓改革部署，又要亲自抓改革督办，一级抓一级，层层传导压力，确保改革方案落地生根。各地要顺应城市工作新形势，牢固树立以人为本、为人民管理城市的工作理念，把深入推进城市执法体制改革、改进城市管理工作列入重要议事日程，抓紧抓实改革方案制定、评估、督察、落实等各个环节。

二是明确工作责任。市、县政府在城市管理和执法中负主体责任。要建立健全城市管理协调机制和考核机制，

将城市管理和执法工作纳入经济社会发展综合评价体系和领导干部政绩考核体系，加强对城市管理工作的组织协调、监督检查和考核奖惩。各省、自治区、直辖市人民政府要制定具体方案，明确时间步骤，细化政策措施，稳妥有序推进改革。住房城乡建设部将会同有关部门认真贯彻落实中央部署，加强协调配合，支持地方推进改革工作。

三是抓好改革试点。各地城市管理工作情况千差万别，推行改革工作切忌"一刀切"。在城市执法体制改革过程中，应当给予地方充分的自主权，坚持试点先行，分类分层、稳妥有序推进改革。试点工作应当围绕如何构建权责明晰、服务为先、管理优化、执法规范、安全有序的城市管理体制，探索满足城市良性运行需要的城市管理执法模式，为全面推进城市执法体制改革积累经验、提供示范。

四是严肃工作纪律。城市执法体制改革涉及职责划转、机构和人员编制整合、调整，以及大量人、财、物的调整、划转，利益牵涉面广，社会关注度高。因此，必须严肃工作纪律，严格执行编制、人事、财经有关规定，杜绝超编进人、超职数配备领导干部、突击提拔干部等现象发生。要严格按照有关规定处理好人、财、物问题，做好工作交接，保持工作的连续性和稳定性，并确保国有资产安全。

五是营造良好氛围。要加强舆论引导工作，重点宣传文件出台的重大意义和重要改革举措，宣传近年来各地各方面在推进城市执法体制改革、改进城市管理工作中的经验做法。要加强中央与地方的宣传联动，提高舆情应对能力，正确引导社会预期，及时回应社会关切，营造理性、积极的舆论氛围。

城市管理工作任务艰巨，前景光明。我们要认真贯彻落实党中央、国务院的决策部署，结合贯彻落实中央经济工作会议、中央城市工作会议精神，切实将城市管理工作抓好、抓实、抓出成效。

总体要求

深入推进城市执法体制改革　改进城市管理工作
要把握好十个关键点

近日，《中共中央　国务院关于深入推进城市执法体制改革改进城市管理工作的指导意见》（以下简称《指导意见》）已经印发，这是我国城市管理工作发展史上具有里程碑意义的一件大事。推进城市执法体制改革、改进城市管理工作是一项系统工程，涉及城市生活的方方面面，与广大市民切身利益息息相关，可以说是牵一发而动全身，受到社会各界广泛关注。要想稳妥、有序地推进城市执法体制改革、改进城市管理工作，确保市民切实享受到改革的成效，应当把握好以下十个关键点：

一、转变城市管理理念

城市发展是一个自然历史过程，有其自身规律，城市管理同样如此。长期以来，我国城市发展存在"重建设、轻管理"等倾向，城市规划、建设、管理三大环节之间整体性和系统性不强，与城市管理密切相关的市政公用设施、公共服务设施等欠账严重，不能满足城市发展和人民群众生产生活需要。城市管理也存在"重秩序、轻民生"、"重执法、轻服务"等倾向，管理方式比较粗放，执法行为不够规范，个别地方甚至出现了暴力执法、选择性执法等问题。究其原因，很大程度上是城市管理者对城市发展特别是城市管理发展的规律认识不足，在管理理念上出现了偏差，在"为城市管好人"还是"为人管好城市"的问题上认识不到位，在服务、管理、执法之间的关系上把握不准确。为人民服务是党的根本宗旨，是一切工作的出发点和落脚点。在城市管理工作中，各地应当按照《指导意见》要求，牢固树立为人民管好城市的理念，强化宗旨意识和服务意识，将以人为本、为民服务作为城市管理工作的出发点和落脚点，将群众满意不满意作为检验城市管理工作是否有成效的根本标准。

执法是城市管理的手段而不是目的，执法往往只能治标，不能治本。例如，流动摊点、马路市场、机动车乱停乱放等问题只是表象，根源往往在于农贸市场、便民网点的缺失和公共停车场（位）的不足。如果不从城市基础设施和便民服务设施的规划、建设这一源头入手来解决问题，单凭执法无法实现有效管理。2008年以来，许多城市积极探索，提出了服务、管理、执法"三位一体"的理念，取得了初步成效。各地应当坚持源头治理，增强城市规划、建设、管理的科学性、系统性和协调性，变被动管理为主动服务，变末端执法为源头治理，从源头上预防和减少违法违规行为。同时，坚持依法治理，完善执法制度，改进执法方式，提高执法素养，将严格规范公正文明执法的要求落实到城市管理执法全过程，做到服务为先、管理优化、执法规范、安全有序。

二、确立部、省城市管理主管部门

长期以来，各地对城市管理中的中央和地方事权如何划分，一直存有争议。2008年，城市管理职责下放到城市人民政府以后，城市管理执法乱象不仅没有得到解决，反而有所加剧。由于国家、省级层面没有城市管理主管部门，许多需要由国务院、省级人民政府进行的顶层设计难以提上工作日程，许多政策、措施难以及时出台，制约了城市管理水平的提高。从国外城市管理的先进经验来看，城市管理不仅仅是地方事权，中央在顶层设计和指导监督等方面的作用也十分重要。日本在国土交通省下设都市局，综合协调城市管理工作，其主要职责包括：大都市圈整备、地下管网运营、道路交通事务、城市安全管理、公园景观环境、历史古城保护、街道社区更新及综合治理等。英国设立环境运输和地区事务部，主管城市建设和管理工作。新加坡在国家发展部设立公园与康乐局和市镇理事会，负责城市管理工作。住房城乡建设部将按照《指导意见》要求，切实履行主管部门职责，加强对各省、自治区、直辖市城市管理工作的指导监督协调，积极推进地方各级政府城市管理事权法律化、规范化。各省、自治区、直辖市人民政府应当确立相应的城市管理主管部门，加强对辖区内城市管理工作的业务指导、组织协调、监督检查和考核评价。

三、推进市、县城市管理领域大部门制改革

我国城市发展过程中，长期存在"重地上、轻地下"等倾向，地上地下难以统筹发展，"马路拉链"问题层出不穷，管线事故时有发生，人力物力财力浪费严重。执法权相对集中、管理权相对分散的体制机制和制度，是导致这些问题的根本原因。市、县政府市政公用、市容环卫、园林绿化、城市管理执法等相关部门单独设置，导致城市管理职责分散交叉，管理与执法相脱节，推诿扯皮现象突出，城市管理效能低下。近年来，各地逐渐认识到，管理是执法的基础，执法是管理的手段和保障，二者相辅相成，不可分割。许多城市整合市政公用、市容环卫、园林绿化等管理和执法职责，统一组建城市管理部门，取得了一定效果。与此同时，城市管理部门还面临在城市政府中地位不高的问题。据统计，全国3074个县级以上地方政府城市管理执法部门中，只有53.1%是政府组成部门或直属机构，其余均为政府部门的内设机构或下设机构。许多地方反映，是否列入政府机构序列，体现城市人民政府对城市管理和执法工作的重视程度，也影响工作的有效开展。各地应当按照《指导意见》要求，整合城市管理相关职能，实现管理执法机构综合设置，并统筹解决好机构性质问题，具备条件的应当纳入政府机构序列。要遵循城市运行规律，建立健全以城市良性运行为核心，地上地下设施建设运行统筹协调的城市管理体制机制。有条件的市和县应当建立

规划、建设、管理一体化的行政管理体制。

四、划清城市管理和执法的职责边界

城市管理和执法的职责边界不清，是导致城市管理执法乱象的根本原因之一。在地方上，"城管执法是个筐，什么都往里装"。据对已经公布城市管理执法权力清单的46个城市情况进行分析，城市管理执法事项多达27大类、908项，在中央层面共涉及国务院20个部门。除住房城乡建设领域的执法职责外，排名前5位的是环保、工商、公安、水务、交通，累计占总执法事项的10.2%。其他还涉及食品、商务、旅游、人防、文化、民政、国土、教育、林政、渔政、气象、煤炭等领域，许多执法事项与城市管理的关系并不密切。有关部门和专家学者也强调，城市管理执法应当在城市路面街边发生频率高、与群众日常生产生活关系密切、多头执法和执法扰民问题突出、专业技术要求适宜的领域内开展。专业技术性强的执法事项不适合划转到城市管理部门，垂直管理的职责、部门固有的职责、法律明确规定只能由专属部门行使的职责不适合划转。各地要按照《指导意见》要求，科学界定城市管理的职责范围，明确划定权力边界，并制定和公布权力清单和责任清单。要推进城市管理领域综合执法，2017年年底前实现住房城乡建设领域行政处罚权集中行使。市、县人民政府要因地制宜，合理确定与城市管理密切相关，需要集中行使的环境保护管理、工商管理、交通管理、水务管理、食品药品监管等方面法律法规规章规定的部分行政处罚权。上述范围以外的，由市、县政府报所在省、自治区政府审批，直辖市政府可以自行确定。

五、合理配备执法人员，并向基层一线倾斜

地方同志和有关专家一致认为，在城市工作发展的新形势下，城市管理执法队伍只能加强，不能削弱。但是，据统计，截至2015年2月底，全国共有城市管理执法人员45.54万人，其中在编的23.45万人，仅

占城镇常住人口的万分之三点一九，难以满足实际执法工作的需要。同时，一些城市执法力量和工作重心主要集中在市区，基层执法力量严重不足，执法资源配置不合理、不平衡现象突出。各地要求增加城市管理执法人员的呼声十分强烈。从各地实践经验来看，城市管理执法重心下移的趋势日益明显。全国3074个县级以上地方政府城市管理执法机构中，县、区一级执法力量占到总数的84%左右。许多城市积极推进城市管理执法向街道（乡镇）延伸，执法力量向基层下沉，积累了丰富的经验。各地应当按照《指导意见》要求，合理设置城市管理执法岗位，科学确定城市管理执法人员配备比例，统筹解决好执法人员身份编制问题，在核定的行政编制数额内，具备条件的应当使用行政编制。在财政供养人员不增加的前提下，可以通过推进城市管理领域大部门制改革和综合执法、调剂使用编制等方式逐步解决。执法力量要向基层倾斜，适度提高一线人员的比例，确保一线执法工作需要。

六、加快数字化城市管理向智慧化升级

习近平总书记明确要求，充分运用现代信息技术，加快形成与城市发展要求相匹配的城市管理能力，实现城市管理目标、方法、模式现代化。《国家新型城镇化发展规划》（2014—2020年）要求，发展数字化城市管理，构建智慧城市公共信息平台。2005年以来，住房城乡建设部在全国范围内大力推广数字化城市管理模式，取得了较好成效。截至2015年2月，全国1127个市、县已经建成了数字化城市管理系统，占总数的36.7%。根据对100个地级以上城市的调查统计，该比例更是高达87%。各地以数字化城市管理系统为平台，创新城市网格化管理、精细化管理方式方法，积累了丰富的经验。数字化城市管理系统已经成为城市管理的重要手段，发挥着不可或缺的重要作用。各地要按照《指导意见》要求，积极推进城市管理数字化、精细化、智慧化，到2017年年底，所有市、县都要建立起数字化城市管理平台，并向智慧化升级。要

建立智慧型公共基础数据库，实现跨部门信息共享。加大现代信息技术应用力度，探索新型管理和执法模式，提高城市管理效能。

七、加快形成多元共治的城市治理模式

20世纪80年代，新公共管理运动引起了世界范围内政府治理模式的深刻变革。特别是在城市管理领域，城市治理理念日益深入人心，城市管理逐渐从政府包揽一切的直接管理向政府与社会团体、公私企业、自治组织市民等利益相关者互动合作的间接管理转变。日本已从过去依靠条块分割的官僚体制、自上而下的管理，逐步向多方共治转变。日本的小区、商铺、停车场等管理职能大多由企业承担，琦玉县从事城市管理的民间组织有近400个。英国社会的自我组织、自我管理能力十分强大，其第六大城市布里斯托市人口仅41万，但社会组织就超过1000个。我国改革开放30多年来，市民的权利意识日渐觉醒，利益诉求日渐增长，依法参与公共事务管理的积极性日渐提高。许多城市在建立多方参与、共同治理的城市治理模式方面进行了积极探索，城市管理正在从秩序型、高权型、粗放型向服务型、民主型、精细型转变。但是，受到传统的行政管理体制特别是城市管理体制的束缚，体制创新、制度创新和方式方法创新的力度有限，城市管理部门与管理相对人之间的矛盾日渐突出。对此，习近平总书记强调，坚持重心下移，完善社区治理模式，充分发挥企业和社会组织作用，积极推进网格化服务管理体系建设。各地应当按照《指导意见》要求，大力推进城市管理服务市场化，推进城市网格化管理，提高社区治理和服务水平，加大公众参与力度，提高市民文明意识，加快形成多元主体参与、良性互动的城市治理模式。

八、正确处理改革与立法的关系

习近平总书记指出：凡属重大改革都要于法有据。《中共中央关于全面推进依法治国若干重大问题的决定》明确提出，建设中国特色社会

主义法治体系，必须坚持立法先行，发挥立法的引领和推动作用。实现立法和改革决策相衔接，做到重大改革于法有据、立法主动适应改革和经济社会发展需要。按照职权法定的原则，行政机关及其工作人员的行政权力必须有法律的明确授权。目前，城市管理部门的执法权是依据《中华人民共和国行政处罚法》第十六条规定，由国务院或经国务院授权的省、自治区、直辖市人民政府批准取得，行使与城市管理相关的法律法规规章规定的行政处罚权。近年来，部分城市在城市管理立法方面进行了积极探索，出台了一些地方性城市管理法规，但是国家层面始终没有出台专门的法律法规。现行的相关法律法规中，有的多年未作修订，有的存在交叉重叠，不能适应现实需要。特别是新《中华人民共和国立法法》实施后，有立法权的城市势必迫切希望解决城市管理执法法律依据不足的问题。不少专家学者呼吁，在缺少上位法指导的情况下，如果地方各自为政，只会加剧城市管理乱象，必须加快推进城市管理立法工作。相比之下，发达国家城市管理法律法规体系完备，国家和地方的城市管理工作都有法可依。英、美、法等国城市管理方面的法律法规十分健全，并由城市警察承担公务警察权等相关执法职责。日本制定了《轻犯罪法》，规定了诸如随地吐痰、乱扔垃圾等34项轻犯罪，对提高市民素质、加强城市管理发挥了巨大作用。因此，应当按照《指导意见》要求，加强城市管理和执法方面的立法工作，完善配套法规和规章，实现深化改革与法治保障的有机统一，发挥立法对改革的引领和规范作用。全面清理现行法律法规规章和规范性文件，加强法律法规之间的衔接。加快制定修订一批城市管理和综合执法方面的标准，形成完备的标准体系。

九、加强城市管理财政保障

据统计，全国仍有9.6%的县级以上地方政府城市管理执法机构经费来源为差额拨款、自收自支或罚没返还，许多执法乱象都与此有关。其中，116个地区为差额拨款，78个为自收自支，7个为罚没返还，92个存在多种经费来源。这里面既有地方财力不足的原因，更有个别地方政府对城市管理的重视程度不够的因素。城市管理部门承担行政管理和执法职责，应当将经费纳入财政预算。地方同志和专家学者指出，地方政府对市政公用基础设施、便民服务设施等的投入不足、欠账严重，是导致流动摊点、马路市场、机动车乱停乱放、生活垃圾乱堆乱放等城市管理问题的主要原因。应当发挥财政资金的引导支持作用，引导地方政府转变城市管理理念，加大资金投入和保障力度。各地应当按照《指导意见》要求，将城市管理经费纳入财政预算，并按照事权与支出责任相一致原则，健全责任明确、分类负担、收支脱钩、财政保障的城市管理经费保障体制。要因地制宜加大财政支持力度，统筹使用有关资金，增加对城市管理执法人员、装备、技术等方面的资金投入，保障执法工作需要。

十、加强城市管理执法与刑事司法的衔接

城市管理执法工作需要面对和处理复杂的社会矛盾和利益冲突。近年来，妨碍城市管理执法人员执行公务和暴力抗法问题日益突出。据不完全统计，2013年以来，媒体公开报道的城市管理执法人员因公死伤事件多达23起。其中，8名执法人员因公殉职，百余名执法人员因公受伤。在日常工作中，公安机关往往将妨碍执行公务或暴力抗法事件作为民事纠纷处理，打击力度明显不足。城市管理行政处罚面临执行难问题，申请法院强制执行的困难和阻力较大，严重影响了执法的严肃性和威慑力。《中共中央关于全面推进依法治国若干重大问题的决定》明确要求，健全行政执法和刑事司法衔接机制，实现行政处罚和刑事处罚无缝对接。为了解决这些问题，各地进行了积极探索，积累了许多经验。湖南长沙、宁夏银川等城市采取组建专门的城市管理公安队伍或向城市管理部门派驻警力等方式加强城市管理执法治安保障，陕西西安、宁夏

银川等城市设立了专门的城市管理法庭，加强城市管理执法诉讼案件审理和行政处罚强制执行，取得了显著成效。这些经验都值得学习借鉴。各地应当按照《指导意见》要求，因地制宜，建立健全工作机制，加强城市管理执法与刑事司法的衔接。公安机关要依法打击妨碍执法和暴力抗法行为。检察机关、审判机关要加强法律指导，及时受理、审理涉及城市管理执法的案件，并加大城市管理执法行政处罚决定的行政和司法强制执行力度。

（陈宜明）

城市管理执法体制改革重点解决的问题

　　随着城镇化进程的持续推进，城市规模扩张所带来的一系列问题开始逐渐显现，流动人口激增、交通拥堵、贫富分化、社会冲突增加、环境恶化等现象给城市管理工作带来了新的挑战。面对日益复杂的城市环境，各部门间壁垒分明的传统城市管理体制已经不能适应城市管理的实际需要，城市管理综合执法应运而生。自1997年北京市宣武区设立我国首个城市管理综合执法机构——城市市容监察大队开始，各城市相继展开了以相对集中行政处罚权、强制权为中心的城市管理综合执法体制改革。城市管理综合执法制度的建立在一定程度上提高了行政效率，降低了行政成本，减少了职权冲突和责任推诿，对行政体制改革和法治政府建设起到了重要的推动作用。但从现阶段情况来看，城市管理执法体制在规范化、法治化方面依然存着较大缺陷，既有的诸多体制性问题阻碍了城市管理工作的顺利开展，制约了城市的健康发展和城镇化进程的推进，并引发了较多的社会矛盾，亟待进一步改革。

　　《指导意见》指出，"与新型城镇化发展要求和人民群众生产生活需要相比，我国多数地区在城市市政管理、交通运行、人居环境、应急处置、公共秩序等方面仍有较大差距，城市管理执法工作还存在管理体制不顺、职责边界不清、法律法规不健全、管理方式简单、服务意识不强、执法行为粗放等问题，社会各界反映较为强烈，在一定程度上制约了城市健康发展和新型城镇化的顺利推进"。深入推进城市执法体制改革，改进城市管理工作，应当以法治化、规范化为切入点，着力解决阻碍制度有序运行的以下问题：

一、管理体制不顺

长期以来，城市管理综合执法机构在中央层面没有明确的主管部门，既缺乏宏观层面的业务指导，也无法建立科学合理的监督检查和考核评价机制，给城市管理执法工作的统一、规范、协调带来很大困难。各地城市管理综合执法机构设置不规范，机构性质不清，人员身份混乱，队伍名称、着装不统一，执法经费缺乏，执法人员的福利待遇、工作条件无法保障，队伍建设难以推进。城市管理综合执法机构的职能继受于其他部门，缺乏统一的标准和切实有效的法律保障，在外观上支离破碎、残缺不全，在内容上缺乏科学合理的界定，直接影响执法工作的有序开展。对于需要有关职能部门的协助配合才能完成的任务缺乏相应的协同执法机制，行政效率受限。在这样的现状下，管理体制不顺成为制约城市管理执法工作有序开展的最突出问题。因此，城市管理执法体制改革首先必须理顺管理体制。

二、职责边界不清

从目前各地城市管理综合执法的实践情况来看，城市管理综合执法机关的职权范围普遍没有得到科学、合理的界定和细化，城市管理综合执法部门与原职能部门在职权分割上存在着大量的灰色地带。在城市管理的某些领域，虽然建立了综合执法机制，但原部门的执法职权和执法队伍依然存在，且继续从事相应领域的执法工作，造成职责交叉和多头执法频发，影响行政效能，侵及公民权益。

2002年《国务院关于进一步推进相对集中行政处罚权工作的规定》主要确定了市容环境卫生、城市规划、城市绿化管理、市政管理、环境保护管理、工商行政管理、公安交通管理七个方面法律法规规章规定的部分行政处罚权可以相对集中行使，同时规定省级地方政府有权决定调整城市管理领域的其他行政处罚权，形成了所谓的"7+X"模式。但地方各级政府在实践中对执法职责分配不规范，划分城市管理综合执法机关与政府相关职能部门的职权未经过充分考虑和严格论证，带有较大的随意性。其结果是城市管理综合执法机关的执法事项过多，管理内容庞杂，对专业化程度的要求越来越高，执法负担和执法难度大幅增加。如部分地区将执法难度较大的计划生育等事项以甩包袱的方式分配给城市管理综合执法机关执行，人为造成执法难题；部分地区将殡葬、屠宰等与城市管理核心事务无关的事项交由城市管理综合执法机关执行，给执法机构带来额外负担。因此，城市管理执法体制改革需重点解决权责划分不清的问题。

三、法律法规不健全

科学、良好的立法是解决城市执法体制问题、改进城市管理工作的必要手段和重要前提。目前，城市管理综合行政执法领域的立法工作远远滞后于实践的需要。国家层面缺少专门的《中华人民共和国城市管理法》对城市管理做出宏观、统一指导，法律体系不完善，配套措施不健全的问题极为突出。城市管理综合执法机构的身份定位、职能范围、执法手段、执法程序、责任义务、权利救济等多个方面的问题并无法律依据，而需要依靠法规、规章，甚至规范性文件确定。

《中华人民共和国行政处罚法》第十六条规定："国务院或者经国务院授权的省、自治区、直辖市人民政府可以决定一个行政机关行使有关行政机关的行政处罚权，但限制人身自由的行政处罚权只能由公安机关行使。"《中华人民共和国行政强制法》第十七条第二款规定："依据《中华人民共和国行政处罚法》的规定行使相对集中行政处罚权的行政机关，可以实施法律、法规规定的与行政处罚权有关的行政强制措施。"上述两个条款通常被视为相对集中执法权的法律依据，但从性质上看，两个条款均属于概括授权条款，并未对相对集中执法权做出明确而细致的规定。城市管理综合行政执法机构在实践中依然依据环卫、规划、土地、建设、工商等部门的规章展开执法工作，从而形成了所谓的"借法执法"情况。相关规定的分散化和碎片化也决定了其无法满足执法的实际需要。

部分地方政府对城市管理法律法规的需求极为迫切，制定颁布了一批城市管理相关的地方性立法，取得了一定收效，但依然存在立法质量不高的问题。在《中华人民共和国立法法》的修订赋予了设区市地方立法权的情况下，地方政府在开展大规模立法活动的过程中同样需要一部全国性城市管理法律对地方立法进行指导，以保障立法质量。

四、管理方式简单

现阶段城市管理工作中存在着"一刀切"和"简单化"的管理思维。其中的突出表现是尽可能杜绝游商小贩、无家可归人员等可能对城市面貌整洁造成影响的人的出现，以追求城市的绝对秩序和整齐划一。这种简单化的管理方式既不符合城市建设发展的客观规律，也不符合社会的实际需要和公民的基本诉求。相反，过于绝对化的管理方式还有可能因为激化社会矛盾而带来更多社会问题。国际化大都市的建设经验表明，城市应当具有一定的包容性。对于无照商贩流动经营等问题，在考虑城市秩序的同时，也需要考虑便民设施的布局以及游商小贩的基本生存权益，在多种价值之间进行综合平衡后方可采取措施。推进城市管理执法体制改革要求摈弃"一刀切"、"简单化"的错误观念，区分不同情况，对相对人实行分类指导、分类管理。

五、服务意识不强

城市管理执法工作中的服务意识不强，过于坚持命令服从的执法思维，忽视行政相对人的基本权益是导致城市管理矛盾激化和野蛮执法、暴力抗法频发的重要原因。城市管理执法工作的重心和落脚点应当是服务市民，满足市民的需要，而非反映和体现长官意志、追求绝对的整齐划一。城市管理是系统性工程，牵涉社会生活的各个方面，单靠行政命令的强制性管理无法从根本上解决问题。实现城市管理执法体制改革要求执法人员转变意识，将利民、便民作为工作中心，树立服务型的执法理念。在符合相关规定，具备条件的情况下，积极为行政相对人提供法律帮助、政策指导和技术支持，使广大市民既有舒适的生活环境，也能充分享受便捷的生活条件。

六、执法行为粗放

现阶段，我国城市管理执法活动中的暴力执法和暴力抗法事件依然频发，其中一个突出原因是部分执法人员执法观念落后、执法行为粗放的问题没有得到根本改变。实践中，有执法者认为只有强制手段才是最能解决实际问题的方法，行政相对人既然违反了相关法律法规，就应当严格保证执法力度，对其进行坚决的取缔，令其不敢再犯。这种过于强调单方命令服从的执法模式将执法者与行政相对人放到了完全对立的立场，容易激化矛盾，导致粗放、不文明的执法行为的出现，继而引发暴力抗法、群体性事件等一系列社会问题。解决城市管理执法工作中执法行为粗放的问题需要综合运用各地近年来探索出的行之有效的执法方式，如通过说服教育、指导、奖励、政策引导等方式使行政相对人自觉守法，依靠社区、街道组织及居民志愿者的支持，通过社区共同治理和社会的广泛参与实现执法目的。

（马怀德）

以现代化为指向改进城市管理工作

2015年12月24日发布的《指导意见》明确提出，要以城市管理现代化为指向，进一步提高城市管理和公共服务水平。只有正确认识和理解这一指导思想，才能在具体落实中操作更加精准、执行更加有力。

一、为什么要以城市管理现代化为指向

（一）城市管理现代化是当前人类社会发展进程的必然选择

城市社会的现代化，离不开城市管理的现代化。现代城市具有的高度集聚性、复杂性、综合性和系统性特征，需要不断提高城市管理水平，实现城市高效、协调运转和各项功能正常发挥。城市管理水平的高低，不仅与城市资源的利用效率、城市经济的发展效益息息相关，还直接影响城市社会的和谐安定以及生态环境的优美有序。从发达国家的发展经验来看，提高城市管理现代化水平，既是城市现代化建设和发展的内在要求，也是促进城市现代化建设和发展的内在动力。发达国家的城市，正是在应对各种问题的过程中，逐步提高城市管理水平，并且反过来优化城市的综合发展。

（二）城市管理现代化是国家治理体系和治理能力现代化的重要组成部分

当前我国正处于社会经济中高速发展时期，人口流动总量相比过去要大得多。城市个体之间在习俗、观念和价值取向等方面都可能存在较大的差异，极易发生冲突。必须构建更加多元、包容的社会价值体系，以现代化的城市管理体系为支撑，引导形成新的社会共识。城市管理必

须要因地制宜制定公平、包容的社会政策，提高对流动人口的吸引力，保障城镇化的平稳推进。未来的城市管理将从自上而下的刚性管理逐步走向社会治理，充分发挥市场机制的调节作用和社会群体的自觉意识，通过有效的机制设计，在城市的多元行为主体之间形成密切的、平等的网络关系，使得有效的城市管理成为社会各多元主体之间的合作过程，之前由国家和政府承担的责任越来越多地由各种社会组织、私人部门和公民自愿团体来承担。

（三）城市管理现代化是当前我国城市发展阶段的必然选择

我国城市总体已经由高速发展阶段转向中高速发展阶段，一些城市原有的粗放发展模式已经不可持续，内涵式发展将成为大势所趋，城市人居环境水平的提升将逐渐成为城市管理的重中之重。原有城市分散粗放的骨架需要精准的填充和加密，一些城市存量建设用地需要盘活，老的社区需要激发活力，文化品质需要提升，城市的能耗与运行成本需要降低，环境污染需要治理和管控，各类灾害需要更加精准的预防与应对。所有这些，除了前期的规划设计，在后期实施中也需要精细化的城市管理予以支撑。由此可见，今后城市管理将逐渐成为城市发展的任务重心所在。

二、我国城市管理工作如何体现现代化的内涵

（一）城市管理现代化的前提是管理理念和观念的现代化

一要树立以人为本、服务为先的理念，兼顾多方利益，让市容与繁荣达到平衡。市因人而生，城因人而盛，市民是城市的主人。无论是有生活需求的市民，还是进城摆摊的农民，都是这个城市的主人，给予所有人更好的生存、发展空间，为每个人创造幸福美满的生活，是城市管理的根本目的，是城市管理部门的根本职能所在。只有将服务贯穿于城市管理的全过程，城市管理部门创造性地开展利民便民服务；只有得到可靠和高质量的服务，公众才能对城市管理工作给予充分支持和配合，

城市管理部门的执行力和公信力才能得到全面提升。

二要树立系统综合的广义管理观念。城市管理要从对城市基础设施和公用服务设施以及市容市貌的管理，扩展到对城市的市政公用设施运行、交通、环境、应急等各个领域事务的管理，要立足于城市的整体和全局，把城市管理贯穿于城市规划、建设和发展的全过程。狭义的"小城管"只是维持城市的基础性运转，广义的"大城管"则是保障城市的安全有序运行。"小城管"重堵，是在末端被动解决问题；"大城管"强调疏堵结合，注重源头治理和早期预防化解。"小城管"注重短期效益，关注眼前问题，常常是"头痛医头脚痛医脚"，治标不治本；"大城管"着眼长远目标，秉持系统思维，实现标本兼治。

三要树立多元主体、依法治市的治理观念。传统的城市管理以政府为单一管理主体，未能充分调动与发挥社会公众的积极性。现代城市是市场经济条件下利益多元化的社会，自治组织、社团、居民、公共媒体等"城市利益相关者"在城市发展中发挥着越来越重要的作用，城市管理就要在多元利益需求中整合城市的各种资源，减少和化解各种矛盾冲突。城市管理过程是各种利益相关者在一定的制度下互动参与的过程，这种制度背景就是法治。今后，我国应该完善社区治理模式，实现城市管理重心下移，提高社区自我管理水平和城市善治水平。

（二）城市管理现代化的关键是管理手段和方法的现代化

传统的城市管理注重城市设施和市容维护，忽视城市居民的需求和感受，从而导致管理人员与被管理者对立严重，冲突频发。现代化的城市管理应该从人的基本需求出发，针对不同的人群，采取不同的对策，实现"和谐城管、百姓城管"。应该牢固树立"我为人民管城市"的思想，采取人性化管理方式，实现"法、理、情"的有机统一，突出城市管理在保障和改善民生方面的重要作用，营造宜业宜居、和谐包容的软硬环境，增强市民对城市的认同感、归属感和自豪感。同时，现代化的城市管理不是过去那种政府包揽一切的直接管理，而是一种政府与市场相结合、政府与其他利益相关者相互配合的间接管理，需要综合运用行政、经济、法律、教育等多种手段。除了运用法律手段规范利益主体的行为，还要善于依据经济规律，运用经济杠杆影响管理对象的利益，调节其行为。此外，还要积极引进现代信息技术、计算机技术、自动化控制技术等现代科学技术，并广泛运用于城市管理各个领域和过程。当前一些城市对科技的应用还只停留在城市建设电子档案等层面，离科学管理还有较大差距。今后应该综合运用现代信息技术，构建科学合理的决策、实施、监督和反馈体系，提高精细化管理水平和城市管理效率。

（三）城市管理现代化的当务之急是管理组织和运作的现代化

我国城市现行的管理体制事权交叉和缺位并存，执法权力分散，基层编制混乱，是当前城市管理执法乱象的主要原因。据调查，我国目前城市管理执法事项80%属于建设领域，另外20%属于环保、交通、公安和水利等领域，部门之间难以协调，跨领域事项执法难度大。应该建立利益相关者各自权利和义务关系明确的新型城市管理结构，明确政府体系内部、各职能部门之间、市区各级机构之间的事权和财权划分。改善政府与市场、政府与社会的分工合作关系。其中的重点是，尽快推进城市管理综合执法体制改革，按照权责一致、协调创新的原则，加快"以块为主、规范有序"的城市管理体制建设。整合各部门的城市管理职能，尤其是涉及城市管理的各类执法权；明确将城市管理部门作为城市政府的组成部门，建设一支过硬的执法队伍，真正做到依法、规范、文明执法；强化综合执法属地管理，在市、县（区）推行大部门制，建立健全基层城管综合执法体系。

总而言之，城市管理的现代化，就是要顺应城市发展的规律和趋势，适应新型城镇化发展要求和人民群众生产生活需要，坚持以人为本、源头治理、权责一致、协调创新的原则，坚持多元主体、互动参与的理念，构建权责明晰、服务优先、管理优化、执法规范、安全有序的城市管理体制，推进城市管理的人性化、市场化、社会化，提高城市管理的规范化、协调化、精细化水平，真正让城市成为人民追求更加美好生活的有力依托。

（杨保军、陈　鹏、曹　璐）

妥善处理好城市管理中的重要关系

城市管理作为公共治理的重要组成部分，要从昔日的"为城市管理市民"转变成"为市民管理城市"。"三分建设、七分管理"，随着城市建设越来越充分，城市管理的重要性越来越凸显。但现实情况是，城市管理相对滞后，存在着多头管理、条块分割、执法疲软、监督乏力等问题，城市管理运行不够顺畅、城市管理效果不够令人满意。为此，要按照《指导意见》，妥善处理好城市管理中的十一个重要关系，进一步提升现代化城市管理与公共服务水平。

一、妥善处理好城市管理与城市规划、城市建设的关系

城市规划是前提，城市建设是基础，城市管理是保障，三者一脉相承，是典型的一体化关系，城市发展只有三者紧密衔接，良性互动，才能实现"龙腾虎跃"。

要加强城市管理与城市规划、城市建设的有效衔接和良性互动，城市规划要创新规划理念，切实提高规划的前瞻性、系统性和科学性，确保"功能齐全不漏项"；城市建设要以规划为蓝图，从严实施，红线管理，保证"设施建设不甩项"；城市管理部门作为城市规划、城市建设的"用户管理部门"要参与城市规划编制和城市建设等相关工作，城市规划、城市建设部门要及时将城市的规划设计、开发建设情况提供给城市管理部门，城市管理部门研究提出调整完善意见，确保各类设施按标准设置、各种功能齐全配套。建立城市规划、城市建设实施情况的评估反馈机制，城市管理部门在管理工作中发现的城市规划、城市建设过程

中存在的问题，可以采取"建议函"的方式向城市规划、城市建设部门提出意见建议，为完善城市规划与城市建设工作提供"用户意见"。

二、妥善处理好综合管理与专业管理的关系

综合管理和专业管理不是简单的总和分的关系，而是相融相通、比例协调、共同促进的关系。一些城市将系统的整体的城市管理分为多个专业部门多头管理，这种细分专业管理在一定历史时期提高了处理单一专业城市管理问题的效率。然而，随着城市规模的日益扩大和城市管理的日趋复杂，强化专业管理的模式在当今城市特别是大城市和超大城市中日渐低效和不适。以"城市牛皮癣"小广告的治理为例，它涉及环卫、教育、税务、卫生、商务、住建、公安、交通、通信、城市管理执法等十几个专业管理部门，只靠一家专业部门管理，手段单一，力度甚微，往往治标不治本。再比如，广受社会诟病的"马路拉锁"问题也是因为各类管线分属不同的专业部门管理造成的。不强化综合管理，此类"痼疾顽症"无法根除。

所以城市管理必须强调综合，强调综合绝不是要取消专业，而是要在综合中体现专业。可采取按专业适度综合的城市管理模式，一是将城市环境与城市基础设施运行管理直接相关的专业部门整合成"大部门制"的城市管理委员会，二是将与此间接相关的其他专业部门通过构建协调机制强化综合管理。两者形成"大部门制"城市管理体制与专业部门综合协调机制相结合的模式，统筹协调、系统管理，以期实现城市管理专业化与综合性的统一，发挥城市综合功能和整体优势。

三、妥善处理好"高层统筹"与"下沉执行"的关系

"高层统筹"主要是指把高层级的政府部门的管理职能适当综合，集中履行规划指导、政策制定、组织协调、监督检查职能；"下沉执行"主要是指管理与执法力量下沉到基层，集中发挥属地管理、精细执

法、服务民生、促进和谐效能。"高层统筹"与"下沉执行"都是城市管理中的两种资源整合手段，必须相辅相成，不能偏颇。

在"统筹"上下工夫，就是要综合设置机构。大力推进市县两级政府城市管理领域大部门制改革，整合市政公用、市容环卫、园林绿化、城市管理执法等城市管理相关职能，实现管理执法机构综合设置，统筹协调解决制约城市管理工作的重大问题。有条件的市和县应当建立规划、建设、管理一体化的行政管理体制，强化城市管理和执法工作。

在"下沉"上下工夫，就是要使人员、资金、政策向基层倾斜，下移执法重心，按照简政放权、放管结合、优化服务的要求，推行区县一级执法，推动执法事项属地化管理，实现发现、解决城市管理问题的"微循环"路径，切实解决"看得见的管不了，管得了的看不见"的现象。

四、妥善处理好"条"与"块"的关系

城市运行管理与作业体系是指城市管理系统内的相关组织及其职能分工的关系网络，既包含市、区、街道（乡镇）"三级管理"的"条"型体系，也包括在各层次上的所有城市管理部门的"块"型架构。"条"和"块"的关系要体现政府管理层次和管理幅度的匹配度。

处理好"条"的关键就是要健全制度体系、强化组织指导，完善管理标准，建设高效的专业的管理团队和作业力量，不断提高城市运行管理水平；处理好"块"的关键就是要赋予其在街乡镇层面全面落实本区域城市管理工作的考核评价权。因为"块"对辖区环境最关心、最清楚、最有发言权，考核、评价"条"提供的服务最准确、最客观、最有效。

五、妥善处理好"硬件"和"软件"的关系

"硬件"指的是设施建设，是城市管理的基础，解决的是"有无"的问题；"软件"指的是人才队伍和制度手段等，解决的是"优劣"的问题。城市管理既要强调硬件设施的建设，也要重视队伍和制度等软件

建设。

抓硬件设施建设，除了抓好市政、交通、园林等基础设施建设以外，当前重点要抓好城市管理的信息化、智慧化建设，各市、县要加快整合形成数字化城市管理平台，拓展平台功能，实现感知、分析、服务、指挥、监察"五位一体"。形成全国统一的"12319"城市管理服务热线，并实现与"110"报警电话的对接。强化城市运行数据的综合采集和管理分析，形成综合性城市管理数据库，促进互联互通和开放共享。

抓软件建设，一是要抓人才队伍管理，关键是建立一支规范、充足、高效的城市管理队伍。推进执业资格制度，逐步完善城市管理专业技术岗位准入与执业管理。通过发动社区干部、招募社会志愿者等方式，充实城市管理的人力资源。二是要大力加强法规制度建设，加快制定《城市治理条例》和相关配套规章、规范性文件。三是要整合城市管理信息资源，运用科技、信息化手段，创新城市管理方法，不断提升城市管理和公共服务水平。

六、妥善处理好"地上"与"地下"的关系

"地上"和"地下"是城市建设管理的两个区域，两者是表里关系。在一些城市，地上的设施、建筑往往是"面子"工程，常常花团锦簇；地下的空间、管线则是"里子"工程，常常不尽如人意。"下水道是城市的良心"，我们应逐步从重视地上设施、建筑向更加重视地下空间、管线发展转变，统筹管理"地上"与"地下"，拓展城市发展空间，强化城市整体功能。

关注"地上"，一是要加快推进完善市政道路、园林绿化、环卫公厕、便民服务等各类城市基础设施，满足城市运行和市民生产生活的需求。二是要按照"传承文化、彰显特色、和谐统一"的原则建设修缮各类建筑，既要避免各类奇形怪状、匪夷所思的建筑矗立在城市街头，也要避免城市形象雷同化、单一化。

重视"地下",一是要努力拓展地下空间功能,充分发挥好地下空间的城市容量效用。二是要大力发展智慧管网,将给水排水、供热、燃气和通信线路等纳入地下综合管廊,推进地下管网管理信息化和运行智能化。三是完善地下管线综合协调管理体制机制,加大老旧管线更新改造力度,提升地下管网的安全可靠性。有条件的城市还可以发展地下垃圾收运系统,消除垃圾"围城"现象。

七、妥善处理好城市功能与城市景观的关系

城市功能是城市发展之本,是由城市的各种设施等结构性因素决定的城市的机能或能力,是城市在一定区域范围内的政治、经济、文化、社会活动中所具有的能力和所起的作用,其主要的目的就是为了满足人们的生产生活的物质需要。比如,路灯照明设施就是为了保障市民最基础的夜间出行需求。

城市景观是城市发展之升华,是由街道、广场、建筑物、园林绿化等形成的外观及气氛,包括自然景观和人工景观,需要独具特色、完整和谐。其主要目的是满足市民精神、心理的需求,使"老市民"具有舒适感、愉悦感,使"新市民"具有认同感、归属感。比如,景观照明就是让城市更加靓丽、更加精彩、更加温馨。

城市的发展就是由功能性城市向功能性与景观性城市融合逐步升华的过程,是一个添砖加瓦、锦上添花的过程。我们在规划建设各类城市建筑、设施时,在实现功能的同时也必须体现其景观性的要求。只有整合城市功能、优化城市景观,使其刚柔相济、和谐统一,才能让城市更加宜居惬意,让市民更加陶醉流连。

八、妥善处理好常态管理与应急管理的关系

城市管理按状态可分为常态管理和应急管理两种。前者是一般性、日常性管理,包括市政管理、环境管理、交通管理和城市规划实施管理

等；后者是特殊性、非常规管理，是特殊时期、特殊事件下的应急性管理；两者是一般和特殊的关系。要切实加强应急管理工作的规律性研究，分析总结各类事故的特点、优化处置程序和方法，固化有效的处置经验，制定相应的政策标准，定期进行演练，使应急管理逐步向常态管理转变，不断提高城市管理水平。

做好常态管理，一是要加强市政公用设施管护工作，保障其安全、高效、运行。二是要维护好公共空间，严厉打击违法用地、违法建设行为。三是要优化城市交通，坚持公交优先战略，倡导绿色出行方式。四是要改善人居环境，加强大气、噪声、固体废物、河湖水系等环境管理。五是要大力开展爱国卫生运动，提高城市卫生水平。

做好应急管理，就是要提高城市防灾减灾能力，保持水、电、气、热、交通、通信等城市生命线系统畅通。建立完善城市管理领域安全监管责任制，强化重大危险源监控，消除重大事故隐患。加强城市基础设施安全风险隐患排查，建立分级、分类、动态管理制度。完善城市管理应急响应机制，提高突发事件处置能力。强化应急避难场所、设施设备管理。

九、妥善处理好城市管理与城市管理执法的关系

城市治理现代化是目标，城市管理和城市管理执法都是手段，城市管理为城市管理执法提供管理资源，城市管理执法为城市管理提供执法保障，两者共同服务于城市治理现代化，形成"一体两翼"、"一车两轮"的统一关系。

加快明确城市管理职责边界，着力推进城市管理"大部门制"改革，按照精简统一效能、管理执法作业相结合的原则，整合市容环卫、市政公用、园林绿化等城市管理相关机构和职责，统一组建城市管理部门，加挂城市管理执法机构的牌子，依法行使有关行政管理和综合执法的职责。可按照"大城管"职能定位，明确城市综合管理为决策部门，

城市管理执法机构为综合执法部门，两者合署办公，形成既相对独立又紧密衔接、高效运行的管理体制。这样做有以下优势：一是这种统一体制有利于快速判断哪些城市管理问题可以通过加强管理得到解决，减少直接执法处罚，减少城市管理执法负面形象；哪些必须通过城市管理执法解决，提升执法效率，提高城市管理效能。二是对日常管理工作中发现的大量城市管理问题，执法能及时跟进，可以避免形成很多城市安全隐患和"痼疾顽症"。三是有利于精简管理与执法部门分设中过多的非专业辅助内设机构，更好地充实一线执法与管理力量。

十、妥善处理好城市管理与城市服务的关系

城市管理只是手段，城市服务才是目的。科学的管理旨在提供有效的服务，有效的服务依靠科学的管理。要寓管理于服务之中，在服务中体现管理要求。

就城市管理而言，一是转变政府职能，理顺政府与市场的关系，从监管者转变为服务者，实行政企、政事、政社分开。二是转变管理模式，由城乡二元结构管理向城乡一体化管理转变，整合城乡公共资源，提供城乡均等化的市政公共服务产品。三是转变管理手段，依靠科技信息化手段，由传统的粗放型、经验型管理转变成网格化、精细化管理。

就城市服务而言，一是转变服务理念，从被动服务向主动服务转变。二是转变服务对象，把具备一定条件长期在城市生活工作的外来人口纳入到城市服务体系之中。三是提升服务水平，提供多层次、多类型、差别化的公共服务产品，满足不同群体的公共服务需求。

十一、妥善处理好政府与市民的关系

按照传统思维模式，政府是城市规则的制定者、城市管理的监督者、城市服务的提供者；市民则是城市规则的执行者、城市管理的受控者、城市服务的享有者。但随着时代的发展，市民作为城市的主人，也

应该参与城市规则的制定，也应该监督政府、提供服务和解决问题。应当说，当今社会没有市民参与的城市管理就是无源之水、无本之木，政府和市民已经牢牢形成了共存共荣、协同治理的城市治理新关系。

政府要努力发挥主导作用，充分调动市民深度参与城市治理，实现公共价值。一是转变职能，调整结构、优化运作，与日益变化的城市治理需求相适应。二是完善机制，不断拓宽畅通有序的参与途径，保障市民的知情权、参与权和监督权。三是充分利用新媒体等手段，倾听市民需求，引导参与考核评价政府部门的城市管理行为。四是搭建平台，发挥志愿者在城市治理中的引领作用。五是培育社会组织，团结广大市民，特别是增强"新市民"对城市文化的认同感和归属感，引导他们积极参与到城市治理进程中来。

市民要积极发挥主体作用，以城市主人翁的姿态投入到城市治理中，实现自我价值。一是要从"要我做"向"我要做"转变，从被动的被管理者转变为城市治理的主动参与者。二是要从"改变我自己"向"带动一群人"扩展，以自己的实际行动影响并带动身边的亲朋好友，形成全民参与城市治理的良好氛围。三是要大处着眼与小处入手相结合，既胸怀天下对城市治理的重大问题积极建言献策，又脚踏实地关注并参与解决好身边的各种城市管理问题。

综上所述，创新城市治理体系，提升城市治理能力，关键在于改变单一的自上而下的精英管理模式，积极采取自上而下与自下而上相结合的政府与公众共同参与的治理模式，真正发挥市民参与决策、参与管理、参与监督的作用，加快形成"党委领导、政府负责、社会协同、公众参与、法治保障"的城市治理新格局。

（柴文忠）

深入推进城市执法体制改革
改进城市管理工作的重要意义

深入推进城市执法体制改革、改进城市管理工作是党中央、国务院从落实"四个全面"战略布局、实现国家治理体系和治理能力现代化、提高党和政府的执政能力和执政水平、增进民生福祉、促进城市转型发展的高度出发,总结历史经验,认识、尊重、顺应城市工作特别是城市管理工作发展规律,顺应人民愿望和时代要求作出的重大部署。以中共中央、国务院文件的形式出台专门针对城市管理工作的指导意见,这在党和国家历史上还是第一次,意义重大而深远。

《指导意见》从四个方面深刻阐明了深入推进城市执法体制改革、改进城市管理工作的重大意义:深入推进城市管理执法体制改革,改进城市管理工作,是落实"四个全面"战略布局的内在要求,是提高政府治理能力的重要举措,是增进民生福祉的现实需要,是促进城市发展转型的必然选择。全面理解深入推进城市执法体制改革、改进城市管理工作的重大意义,要重点把握以下四个方面。

一、深入推进城市执法体制改革、
改进城市管理工作是落实"四个全面"战略布局的内在要求

"四个全面"是以习近平同志为总书记的党中央从坚持和发展中国特色社会主义全局出发提出的战略布局,是党中央治国理政的总方略,是实现"两个一百年"奋斗目标、走向中华民族伟大复兴中国梦的"路线图"。其中,全面建成小康社会是战略目标,全面深化改革是实现战略目标的关键一招、根本路径，全面依法治国是实现战略目标的基本方式、可靠保障，而全面从严治党是发挥党的坚强领导核心作用、为实现战略目标提供坚强组织保证的根本前提。城市是全面建成小康社会的主阵地。从1978年到2014年的37年间，我国城镇化率以年均1个百分点的惊人速度，攀升到54.8%。中国社会科学院城市发展与环境研究所发布的《中国城市发展报告（2012）》指出，2012年，我国城镇化率超过50%，我国开始进入以城市型社会为主体的新的城市时代。在这一新的城市时代中，城市经济将占支配性地位，城市生活方式占主导地位，城市品质受到高度重视。城市管理将成为提高城市综合承载能力、提升城市发展质量乃至全面建成小康社会的重要保障，成为城市软实力、竞争力和经济社会发展能力的集中体现。然而，我国的城市在经济结构、规划建设、管理体制、环境质量、公共服务、社会和谐和安全等方面还难以适应城市时代的要求。特别是城市管理执法体制不顺、城市管理水平不高，成为制约城市管理工作发展的突出短板。要消除城市管理工作中的短板，进一步提高城市管理和公共服务水平，必须加强党对城市管理工作的组织领导，加强顶层设计和宏观指导。必须以城市管理现代化为指向，以理顺体制机制为途径，深化城市管理执法体制改革，改进城市管理工作，将"四个全面"战略布局落到实处。

二、深入推进城市执法体制改革、
改进城市管理工作是提高政府治理能力的重要举措

全面深化改革的总目标是完善和发展中国特色社会主义制度，推进国家治理体系和治理能力现代化。提高各级政府的治理能力和治理水平，是推进国家治理现代化的核心与关键。城市治理是国家治理和社会治理体系的重要内容。随着城市工作的转型发展，如何推动城市管理走向城市治理，加快形成与城市管理发展相适应的城市治理能力，成为城市政府面临的一项重大课题。推进城市管理执法体制改革、改进城市管理工作既是建立依法行政体制、加快建设法治政府的重要内容，也是提高城市治理能力的重要举措。《指导意见》旗帜鲜明地提出，通过理顺城市管理执法体制、改进城市管理工作，推动城市管理走向城市治理，并形成现代城市治理体系，为如何提高城市政府城市治理能力指明了方向。提高城市治理能力，必须重新定位城市政府职能。城市政府既要重新划定自己的职能边界，简政放权、放管结合，将不该由政府管理的事项转移出去，把该管的事项切实管好，更要转变职能定位，优化服务，为社会提供更加优质的公共服务。提高城市治理能力，必须充分发挥各类社会主体的积极性和主动性，做到多元主体协商共治。党的十八届三中全会通过的《中共中央关于全面深化改革若干重大问题的决定》指出，"鼓励和支持社会各方面参与，实现政府治理和社会自我调节、居民自治良性互动"。城市政府应当发挥主导作用，在不断提高城市政府对社会公共事务的科学管理水平的基础上，加强制度创新和机制创新，对各类社会主体参与城市治理的范围和权利加以规范，为各类社会主体参与城市治理创造环境、搭建平台、提供服务。同时，应当通过综合运用市场的、法律的、文化的等多种治理方法和治理技术，充分调动和发挥企业、社会组织、公民等多元主体的积极性和主动性，提高城市治理水平。

三、深入推进城市执法体制改革、改进城市管理工作是增进民生福祉的现实需要

民生是社会生活的基本内容，民生问题关系到全体民众的生存和发展，涉及每个人的切身利益。增进民生福祉是中国特色社会主义本质的集中体现，也是中国特色社会主义发展的必然规律。习近平总书记指出，"人民对美好生活的向往，就是我们的奋斗目标"。党的十八届三中全会强调，全面深化改革必须以促进社会公平正义、增进人民福祉为出发点和落脚点。城市是人民群众的美好家园，每一位市民都是城市的主人，都应当充分享受城市发展的成果。改革开放以来，越来越多的人进入到城市生活，城镇人口快速增加，2014年城镇常住人口达到7.5亿人，是1978年的4.4

倍。城市建成区大规模拓展，2014年达到48716平方公里，比1981年增长了5.5倍。城市基础设施显著改善，2014年城市用水普及率达到97.9%，燃气普及率达到94.7%，污水处理率达到90.1%，城市集中供热达到59.1亿平方米，人均道路面积达到14.9平方米。城市经济高速发展，1988年到2012年，城市地区生产总值年均增速达到12.5%，比全国GDP年均增速高2.7个百分点。城市居民财富迅速积累，2013年城市居民户均财富达到了185万元，扣除物价因素，增长了1013倍。但与此同时，我国的城市也普遍积累了大量问题，主要表现为人口膨胀、交通拥堵、环境恶化、住房紧张、就业困难等"城市病"。要解决这些问题，就必须认识、尊重、顺应城市发展规律，端正城市发展指导思想，以民生幸福为方向，增强城市宜居性，引导调控城市规模，优化城市空间布局，加强市政基础设施建设，保护历史文化遗产，提高城市管理水平。特别是在城市管理方面，随着城市生活诉求从"更多需求"转向"更好追求"，广大市民对于破解"城市病"、提升生活质量、生活品位、生活尊严的愿望与日俱增，对城市管理的重视程度也越来越高。过去，城市政府对城市管理的地位和重要性认识不到位，存在"重建设、轻管理"、"重执法、轻服务"等错误观念，过于强调市容秩序管理，对加强城市基础设施建设、提高公共服务水平重视不够，不能满足城市发展和市民的生产生活需要。如今，城市政府越来越深刻地认识到，不能单靠执法来管理城市，更应当将以人为本的思想贯穿城市管理全过程，把为人民服务作为城市管理和执法工作的出发点和落脚点，通过创新管理方式，落实惠民措施，提供便民服务，让人民群众有更多的获得感，实现城市让生活更美好。

四、深入推进城市执法体制改革、改进城市管理工作是促进城市转型发展的必然选择

研究表明，随着城镇化的快速发展，城市工作的重心逐渐从大规模建设转向人性化、精细化管理，这是城市工作的一般规律。当前，我国经

济发展面临"三期叠加"考验，进入新常态，城市发展也处在城镇化高速发展阶段中后期，正在从传统农业型社会步入现代城市型社会，城市工作的重心由大规模的开发建设逐渐转为对城市空间资源、公共秩序、运行环境的管理，以及为城市居民宜居宜业提供服务保障。2014年年末，我国城镇流动人口总量已达2.53亿，由此带来的就业问题、基本公共服务均等化问题、社会治安问题、应急管理问题等，给城市管理工作造成了很大的冲击。与此同时，城市管理和执法工作也面临一些体制性、机制性和制度性问题，不能适应城市管理工作要求，不能满足群众城市生产生活的需要。个别地方城市管理执法人员管理不到位，执法行为不规范，甚至暴力执法，影响了党和政府的形象。对此，习近平总书记强调，要加快形成与城市发展相匹配的城市管理能力，城市管理目标、方法、模式都要现代化。2015年以来，习近平总书记在中央全面深化改革领导小组第十八次会议、中央财经领导小组第十一次会议和中央政治局会议上多次强调，要主动适应新型城镇化发展要求和人民群众生产生活需要，以城市管理现代化为指向，改革城市管理体制，理顺各部门职责分工，提高城市管理和执法水平，加强城市安全监管，让城市成为人民追求更加美好生活的有力依托。因此，面对城市转型发展的新形势、新要求、新任务，城市政府必须加快城市发展理念转变，推动城市规划、建设、管理协同发展，增强城市规划、建设、管理的科学性、系统性和协调性，综合考虑公共秩序管理和群众生产生活需要，合理安排各类公共设施和空间布局，加强对城市规划、建设实施情况的评估和反馈，共同完善城市功能，创造良好人居环境；必须坚持以人为本、依法治理、源头治理、权责一致、协调创新，深化城市管理执法体制改革，构建权责明晰、服务为先、管理优化、执法规范、安全有序的城市管理体制；必须改进城市管理工作，以网格化管理、社会化服务为方向，以智慧城市建设为契机，充分发挥现代信息技术的优势，加快形成与经济社会发展相匹配的城市管理能力。

（陈宜明）

明确城市管理工作的总体目标

《指导意见》提出，深入推进城市执法体制改革、改进城市管理工作的总体目标是：到2017年年底，实现市、县政府城市管理领域的机构综合设置。到2020年，城市管理法律法规和标准体系基本完善，执法体制基本理顺，机构和队伍建设明显加强，保障机制初步完善，服务便民高效，现代城市治理体系初步形成，城市管理效能大幅提高，人民群众满意度显著提升。这个总体目标，为我们落实党中央、国务院关于城市管理和执法工作的各项部署、要求，绘制出了时间表和路线图，指明了具体路径。其丰富内涵，可以从以下几个方面来认识和把握：

一、明确了推进改革的路线图

总体目标以2017年和2020年作为推进改革的两个关键时间节点，既明确了推进城市管理执法体制改革、改进城市管理工作的时间步骤，也明确了方法路径，为各项改革工作制定了时间表和路线图。

第一个节点是到2017年年底，实现市、县城市管理领域的机构综合设置。这一阶段，将重点推进城市管理领域大部门制改革。大部门制改革既是党中央、国务院推进政府职能转变和政府机构改革的重要举措，也是破解城市管理执法困境的根本出路。城市管理领域的大部门制改革，总的要求是遵循城市运行规律，建立健全以城市良性运行为核心，地上地下设施建设运行统筹协调的城市管理体制机制。落实到具体实践当中，就是要整合市政公用、市容环卫、园林绿化、城市管理执法等城市管理相关职能，实现管理执法机构综合设置。有条件的市和县应当建立规划、建设、管理一体化的行政管理体制，强化城市管理和执法工作。

第二个节点是到2020年，全面完成各项改革任务。这就是说，这项改革为期五年，与我国第十三个五年计划的时间相一致；完成时限是2020年，与中国共产党成立100周年、实现全面建成小康社会宏伟目标的第一个百年目标时间相一致，具有特殊的重要意义。一方面，这充分体现了党中央、国务院对城市管理和执法工作的高度重视，将改革城市执法体制、改进城市管理工作作为全面建成小康社会宏伟目标的应有之义，让人民群众有更多的获得感。另一方面，这充分体现出《指导意见》远近结合的突出特点，既坚持问题导向，解决当前工作中的突出问题，又坚持目标导向，完善体制机制，引领事业长远发展。深入推进城市执法体制改革、改进城市管理工作的各项任务相互联系，相互制约，必须按照这两个时间节点加强统筹、协同推进。

二、明确了执法与管理之间的关系

长期以来，城市政府往往片面地将城市管理执法等同于城市管理，过于强调执法的刚性管控作用，过于追求整齐划一的市容秩序，而对市民的需求重视不足，无法满足市民的生产生活需要。事实上，执法是城市管理的手段而不是目的，执法往往只能治标，无法治本。

为了推进标本兼治，许多城市在创新城市管理体制机制方面进行了积极探索，提出了服务、管理、执法"三位一体"的理念，强调以人为本、服务为先，对城市管理中的问题从重事后处置向重源头治理转变，取得了积极成效。要摒弃城市管理等于城市管理执法、城市管理的目的就是执法的观念，将城市管理执法回归到纠正违法行为、维护城市秩序、管理城市的法律手段的基本定位。要摆正服务与管理、执法之间的关系。对城市管理工作而言，服务既是目的，也是手段。依法严格管理、公正文明执法是服务的前提，脱离了管理和执法谈服务，就会使服务成为无本之木。便民高效的服务是管理和执法的延伸，是管理和执法的体现，三者不可分割。《指导意见》在充分总结、吸收地方先进经验的基础上，正确处理执法与管理之间的关系，坚持先理顺执法体制、后加强城市管理的改革思路，注重推动理念转变和方式方法创新，做到了目标与方法、改革与创新有机结合。

三、明确了推进改革的工作重点

推进城市执法体制改革、改进城市管理工作是一项系统工程，涉及面广、覆盖面大，涵盖体制改革、机制创新、队伍建设、制度建设、城市治理、立法、行政执法与司法衔接、党的领导等诸多环节，涉及党委、政府、社会等各个层面。总体目标明确了工作重点，就是完善城市管理法律法规和标准体系、理顺执法体制、加强机构和队伍建设、完善保障机制、提高服务水平、形成现代城市治理体系、提高城市管理效能七项重点任务。

完善城市管理法律法规和标准体系，是确保改革顺利推进和城市管理工作科学发展的保障，既包括相关的法律法规规章和规范性文件的立改废释和清理工作，也包括相关标准的制订修订工作。

理顺执法体制一方面要求匡定城市管理职责边界，明确部、省城市管理主管部门，推进市、县城市管理领域机构综合设置，推行城市管理领域综合执法，并下移执法重心，另一方面也要求健全权力清单和责任清单制度，规范执法办案制度，改进执法方式，完善监督机制，将城市管理执法权力关进"制度的笼子"，提高执法水平。

加强机构和队伍建设，既要实现管理执法机构综合设置，统筹解决好机构性质、执法人员身份编制等问题，又要优化执法力量配备，严格执法队伍管理，完善人才培养机制，加强协管队伍管理，塑造城市管理执法队伍良好形象。

完善保障机制，除了加强法制建设，还要强化城市管理财政保障，健全城市管理经费保障体制，加强城市管理执法与刑事司法的衔接，强化执法协作。

提高服务水平，要求完善城市管理工作，提高市政公用设施运行能力，规范城市公共空间秩序管理，优化城市交通管理，改善城市人居环境，提高城市应急管理水平，并整合信息平台，构建智慧城市。

形成现代城市治理体系，要求推进城市管理服务市场化，推进城市网格化综合管理，提高社区治理和服务能力，加大公众参与力度，提高全民城市文明意识，推动城市管理走向城市治理。

提高城市管理效能，要求加强党对城市管理工作的组织领导，明确工作责任，建立协调机制，健全考核制度，严肃工作纪律，并加强宣传和舆论引导，推进信息公开，提高舆情应对能力。

四、明确了评判改革成效的根本标准

党的十八大报告强调："为人民服务是党的根本宗旨，以人为本、执政为民是检验党一切执政活动的最高标准。任何时候都要把人民利益放在第一位，始终与人民心连心、同呼吸、共命运，始终依靠人民推动历史前进。"总体目标明确，要通过推进改革，使人民群众满意度显著提升，这也是评判改革成效的根本标准。人民是城市的主人，城市管理是"为人服务"，而不是"把人管住"。只有将为人民管理城市作为城市管理工作的出发点和落脚点，将人民群众满意度作为检验和衡量城市管理执法体制改革、改进城市管理工作成效的根本标准，才能真正赢得人民群众的理解和支持。

提高人民群众对城市管理工作的满意度，既要坚持"城市管理为了人民"，想群众所想、急群众所急，切实解决社会各界最关心、最直接、最现实的问题，也要坚持"城市管理依靠人民"，深入群众、发动群众，广泛听取人民群众的意见、建议，充分调动群众支持、参与城市管理的积极性和主动性。同时，还要提高推进改革、改进工作的执行力。要通过完善决策程序和决策机制，建立健全科学高效的政绩考评机制和监督机制，提高城市管理部门的工作效能，提高每一位城市管理人员的积极性、主动性和创造性。

　　全面深化改革，关键在落实。习近平总书记强调，如果不沉下心来抓落实，再好的目标，再好的蓝图，也只是镜中花、水中月。中央全面深化改革领导小组第十九次会议要求，要抓好部门和地方两个责任主体，把改革责任理解到位、落实到位，以责促行、以责问效，抓紧抓实改革方案制定、评估、督察、落实等各个环节，做到全程跟进、全程负责、一抓到底。深入推进城市执法体制改革、改进城市管理工作的蓝图已经绘就，目标已经明确，我们要按照党中央、国务院的部署要求，把抓落实放在更加突出的位置，主动谋事、勇于担当，锲而不舍、一抓到底，确保各项部署得到不折不扣地执行，确保各项改革任务保质保量如期完成。

（江小群）

推进城市管理执法体制改革必须遵循的原则

《指导意见》站在历史和时代发展的高度，首次对城市管理执法工作进行综合部署，是我国当前和今后一个时期做好城市管理工作的纲领性文件。文件提出了深入推进城市执法体制改革，改进城市管理工作必须遵循的基本原则，这既是推进城市管理执法体制改革必须遵循的原则，也是新时期做好城市管理工作、推动城市管理走向城市治理所必须遵循的原则。坚持这些原则，对如期实现改革目标、完成改革任务，让人民在城市里生活得更方便、更舒心、更美好具有重要的指导意义。这些原则是：

一、坚持以人为本

人民是城市的主人，是推动城市持续健康发展的根本力量。促进城市运行高效有序，实现城市让生活更美好，根本目的是实现好、维护好、发展好广大人民的根本利益。推进城市执法体制改革，改进城市管理工作，必须牢固树立为人民管理城市的理念，把群众满意作为改革工作的出发点和落脚点，强化宗旨意识和服务意识，落实惠民和便民措施，倾听人民的意见和建议，接受人民的监督，切实增进人民福祉。充分调动人民参与城市管理的积极性、主动性和创造性，为使城市成为人民追求更加美好生活的有力依托提供最广泛、最可靠、最牢固的群众基础和力量源泉。

改革工作要主动适应新型城镇化发展要求和人民群众生产生活需要，满足人民群众日益增长的物质文化需要，解决实际问题，努力体现广大人民群众的意愿。当前，我国城镇化快速发展给城市管理工作带来的困难和问题日趋增多、挑战巨大，很多城市的建设虽已达到国际化都市水平，但是管理工作相对滞后，无法发挥出现代化城市设施的最优功能。人民群众对城市优质公共空间日益增长的需求与现行传统的、粗放的、落后的城市管理模式冲突日益显现，管理任务与队伍能力不匹配，突击性、运动性的管理方式往往会引发干群之间的冲突和对抗，交通拥堵、城市内涝、环境污染等"城市病"长期困扰市民生活，新市民融入城市生活的速度仍然较慢。这些问题影响了人民群众的幸福感和获得感。因此，必须坚持以人为本，以人民满意为最高标准，在提供城市建设硬环境的同时，增强城市管理软实力。

二、坚持依法治理

依法治理，就是运用法治方式进行社会治理。法治是国家治理最基本的形式，社会治理是国家治理的重要内容。推动城市管理领域依法治理是创新社会治理、推进国家治理体系和治理能力现代化的必然要求。运用法治方式维护城市秩序，规范市民行为，是推动城市管理领域依法治理的基本内容，也是中外城市管理实践中的有效方法。

法治具有稳定性、连续性和权威性，对于促进城市和谐稳定具有基础性、长久性作用。强化法律在维护市民权益、化解城市管理问题中的权威地位，推动形成行止有法、办事依法、遇事找法、解决问题靠法的城市管理执法工作氛围，对推动城市管理走向城市治理，促进城市高效有序运行具有重要意义。

目前，中央层面缺少一部专门的城市管理和执法的法律法规，有立法权的城市出台了城市管理的相关法规规章，层次地位低、碎片化严重。各地纷纷反映，城市管理执法工作处于"借法执法"的状态。部分行业的法规建设滞后，有的法律法规长期未进行修订，滞后于经济社会发展及城市管理工作的新需要，有的法律规定交叉重复，给执法工作造成许多不便，亟待立改废释。

此外，执法队伍的标准化和规范化也是各地面临的突出问题。运动式管理、突击式执法大量存在，引发了各种各样的冲突。因此，完善执法制度，改进执法方式，提高执法素养，把严格规范公正文明执法的要求落实到城市管理执法全过程，把城市管理工作纳入法制轨道。加强城市管理法治宣传教育，弘扬法治精神与城市精神，使每一位市民都能自觉学法、尊法、守法、用法。

三、坚持源头治理

源头治理，意味着从产生矛盾的原因入手，从群众感受最直接的问题入手，抓小、抓早、抓苗头。执法工作处于城市管理工作末端环节，是城市管理工作中的最后关口。坚持城市管理源头治理，就是要把治理环节上关口前移，坚持源头谋划、过程控制、末端化解、综合治理，才能摆脱总是事后应对的被动局面，更多地把工作重心从治标转向治本，尽可能使社会矛盾和冲突少产生、少转化、少激化。

从管理与执法的关系看，执法是城市管理的手段而不是目的，执法往往只能治标，无法治本。从建设与管理的关系看，建设提供硬环境，管理增强软实力，二者共同指向完善城市功能。目前，城市建设"重建轻管"的思想在很多地区都是普遍现象，管理理念的偏差和缺失导致城市规划、建设、管理脱节、发展不同步，城市运行管理设施欠账多、不配套。农贸市场、停车场、公厕、垃圾中转站等城市基础设施的配套规划建设跟不上，部分市政公用设施在设计上也没有达到便民、利民的目的，不可避免造成马路摊点、占道经营、乱停乱放、乱扔乱倒垃圾等城市管理难题。因此，应当增强城市规划、建设、管理的科学性、系统性和协调性，综合考虑公共秩序管理和群众生产生活需要，合理安排各类公共设施和空间布局，加强对城市规划、建设实施情况的评估和反馈，变被动管理为主动服务，变末端执法为源头治理，从源头上预防和减少违法违规行为。

四、坚持权责一致

管理和执法的职责边界不清，是导致城市管理执法乱象的根本原因之一。以往，地方政府往往将城市管理部门当成突击队、灭火队，将一些其他部门不愿管、管不好的职责都交给城市管理部门，导致其承担了许多"管不了"也"管不好"的职责。全国已公布城市管理执法权力清单的46个城市中，城市管理执法事项共涉及国务院20个部门。除住房和城乡建设领域的执法职责外，排名前5位的是环保、工商、公安、水务、交通领域，其他还涉及食品、商务、旅游、人防、文化、民政、国土、教育、林政、渔政、气象、煤炭等多个领域。"城市管理执法是个筐，什么都往里装"成了许多城市执法工作的真实写照。许多执法事项与城市管理的关系并不密切，城市管理执法机构权责关系并不对等，影响了城市管理执法工作的正常开展。

从事权划分的角度看，城市管理工作既是中央事权，更是地方事权。只有合理划分中央、地方在城市管理工作中的事权，宏观指导、监督、协调、考核等事权上移，微观管理、执法等事权下放，实现城市管理执法机构、职能、权限、程序责任的法定化，才能让城市管理工作在法律和制度的框架内开展，并以城市管理执法部门带头守法、严格执法引导督促市民、法人和其他组织依法参与城市活动。

因此，必须明确城市管理和执法职责边界，制定权力清单，落实执法责任，坚持权随事走、人随事调、费随事转，实现事权和支出相适应、权力和责任相统一。合理划分城市管理事权，实行属地管理，明确市、县政府在城市管理和执法中负主体责任，充实一线人员力量，落实执法运行经费，将工作重点放在基层。

五、坚持协调创新

传统城市管理执法工作中，规划建设与管理、行政许可与行政执法、专业执法与综合执法等方面存在相互之间配合不够紧密，界限不够清晰，资源共享不够充分等问题。中央事权与地方事权分离，行政许可与执法分离，专业执法与综合执法不配合，相互推诿，财权事权行政权力不匹配，城市管理职能割裂，制约了城市整体功能的有效发挥。

城市管理工作纷繁复杂。习近平同志明确指出：要健全城市管理体制，充分运用现代信息技术，加强市政设施运行管理、交通管理、环境管理、应急管理。推进城市执法体制改革，改进城市管理工作涉及多个部门。落实好改革任务，既需要各部门协力共同推进，又需要现代化的方式方法。因此，要加强政策措施的配套衔接，强化部门联动配合，有序推进相关工作。以网格化管理、社会化服务为方向，以智慧城市建设为契机，充分发挥现代信息技术的优势，加快形成与经济社会发展相匹配的城市管理能力。

通过建立联席会议制度，成员单位能够按照职责分工，主动研究城市管理工作中的有关问题，及时向联席会议办公室提出急需会议讨论解决的问题，落实会议确定的工作任务和议定事项，有助于加强沟通，密切配合，形成高效运行的工作机制。通过利用现代信息技术加强网格化管理，能够有效处置大量城市管理问题，服务环境建设，提升服务管理精细化水平，推动部门协调联动，推进基础信息共建共享，有效提升城市管理工作效率，为改革工作的稳步推进提供制度保障和技术保障。

（董红梅、高　扬）

理顺管理体制

界定城市管理的职责范围

科学界定城市管理职责范围是城市执法体制改革的重要举措。党的十八届四中全会通过的《中共中央关于全面推进依法治国若干重大问题的决定》提出，深入推进依法行政，加快建设法治政府。所谓法治政府，就是行政主体按照合法行政、合理行政、程序正当、高效便民、诚实守信、权责统一的要求，行使权利，履行职责，承担责任。推进城市执法体制改革，应当首先明确界定城市管理和城市管理执法的职责范围，并通过国家和地方立法确定下来。在我国尚未出台专门的城市管理和执法方面法律法规的情况下，《指导意见》以中共中央、国务院文件的形式，明确规定了城市管理和城市管理执法的职责范围。《指导意见》的规定既有宏观指导性，又兼顾了地方自主权，为指导各地城市执法体制改革工作提供了政策依据，具有十分重大的意义。对此，可以从以下几个方面进行把握：

一、《指导意见》明确了我国城市管理的基本内涵

长期以来，对于什么是城市管理，社会各界观点不一。联合国人类住区中心在《关于健全的城市管理规范：建设"包容性城市"的宣言草案》中指出：城市管理是个人和公私机构用以规划和管理城市公共事务的众多方法的总和。在我国，传统意义上的城市管理有广义和狭义之分。广义的城市管理是指城市政府以城市为对象的、为实现特定目标对城市运转和发展所进行的控制行为和活动的总和。狭义的城市管理基本等同于市政管理，主要是指政府部门对城市的公用事业、公共设施等方

面的规划和建设的控制、指导。现代城市管理学认为，城市管理主要是以城市的长期稳定协调发展和良性运行为目标，以人、财、物、信息等各种资源为对象，对城市运行系统做出的综合性协调、规划、控制和建设、管理等活动。同样，城市管理的内涵也随着城市的发展而变化。早期的城市管理事务仅限于城市的路灯、道路、桥涵、排水、供水、市容等与城市自身物态形式相关的方面。随着现代科学技术的发展和市民生活需求的多样化，城市管理事务的内容更为广泛而复杂，从传统的市政设施管理、市容环卫管理等方面扩展到园林绿化管理、交通秩序管理、环境保护管理、应急管理、违法建设治理等诸多方面。2014年2月25日，习近平总书记在北京市考察工作时指出，要健全城市管理体制，提高城市管理水平，尤其是要加强市政设施运行管理、交通管理、环境管理、应急管理，推进城市管理目标、方法、模式现代化。习近平总书记的重要指示，为准确把握当前我国城市管理的内涵提供了重要遵循。因此，《指导意见》提出，城市管理的主要职责是市政管理、环境管理、交通管理、应急管理和城市规划实施管理等。这一表述充分涵盖了当前城市转型发展过程中城市管理的基本内涵，并具有鲜明的时代特色。其中，市政管理包括道路、桥梁、"水电气暖"等方面，与市民的日常生产生活密切相关。环境管理关系市民生活的舒适度，交通管理关系到市民出行的便捷度，应急管理则体现出城市政府应对突发事件和公共危机的能力。城市规划作为指导城市可持续发展的依据，是国家和城市政府调控城市用地和发展建设的重要手段，担负着合理利用城市土地、协调城市空间布局和各项建设、发挥城市整体优化功能和效益的使命。世界各国都将城市规划实施管理作为城市政府开展城市管理的重要职责。这些方面都与城市的良性运行密切相关，是现代城市管理的题中之义。

二、《指导意见》明确了城市政府城市管理部门的基本职责

随着我国新型城镇化的快速推进，各地普遍设立了城市管理部门。

据统计，全国3191个县级以上地方政府中，全部设立了城市管理部门，3074个设立了专门的城市管理执法机构。城市政府应当科学界定城市管理部门的职责范围，准确划清城市管理部门与相关部门的职责边界，避免出现划分不清、过于分散、相互交叉重叠等问题。在我国现行的行政管理体制下，市政管理、交通管理、环境管理、应急管理和城市规划实施管理的相关职责分散在住房和城乡建设、交通运输、公安、环境保护、规划、市容环卫等多个部门之间，部门协调配合难度大、成本高、效率低，必须按照精简统一效能的原则，理顺部门之间的职责关系，明确责任分工，优化组织结构，形成科学高效的城市管理体制。对此，《指导意见》提出，具体实施范围包括：市政公用设施运行管理、市容环境卫生管理、园林绿化管理等方面的全部工作；市、县政府依法确定的，与城市管理密切相关、需要纳入统一管理的公共空间秩序管理、违法建设治理、环境保护管理、交通管理、应急管理等方面的部分工作。需要说明的是，集中到城市管理部门的管理职责并不是越多越好，法律法规明确规定由相关行政主管部门行使的管理职责，不宜交由城市管理部门承担。近年来，许多城市在整合城市管理相关职能、深化城市管理体制改革方面进行了积极探索，积累了丰富的经验。例如，公共空间秩序管理方面，有的城市政府将临时性建筑物（构筑物）管理、建筑物（构筑物）外立面管理、户外广告设置管理、城市雕塑和建筑小品设置管理、便民市场、便民摊点群和流动商贩疏导点设置管理、人行道和公共场所公共设施设置管理等相关职责统一交由城市管理部门承担，有力提升了公共空间管理水平。交通管理方面，有的城市政府将道路临时停车管理、公共停车场（位）管理职责交由城市管理部门承担，有力提升了城市静态交通管理水平。环境管理方面，有的城市政府将社会生活噪声管理、建筑施工噪声管理、餐饮服务业油烟污染管理等相关职责交由城市管理部门承担，有力提升了环境污染治理水平。这些经验值得各地借鉴。

三、《指导意见》明确了市、县政府依法确定
城市管理部门职责范围的自主权

城市管理主要是地方事权，应当由市、县政府依据法律法规规定，在《指导意见》规定的范围内，根据本地实际自行确定城市管理部门的职责范围。这既符合依法治国、依法行政的精神，也符合城市管理工作的发展规律。市、县政府可以结合本地实际，坚持权责明晰、统筹协调的原则，在整合市政公用设施运行管理、市容环境卫生管理、园林绿化管理全部工作职责的基础上，理顺城市管理部门与相关部门之间的职责关系，将公共空间秩序管理、违法建设治理、环境保护管理、交通管理、应急管理等方面与城市管理密切相关，且城市管理部门能够承担的管理职责集中整合到城市管理部门，切实解决部门职责交叉和关系不顺的问题。对需要两个或多个部门之间协调配合的事项，应当分清主办和协办的关系，明确牵头部门和责任主体，并建立健全部门间协调配合机制，形成工作合力。设区的市应当坚持简政放权、放管结合、优化服务、重心下移的原则，科学划分市、区两级城市管理部门之间的职责分工，能够由区级城市管理部门承担的管理职责一律下放到区，充分发挥区、街道在城市管理工作中的基础性作用，形成"两级政府、三级管理、四级网络、重心下移"的城市管理工作体系。

四、《指导意见》明确了城市管理执法的基本内涵

《指导意见》在规定城市管理具体职责范围的同时，明确提出，城市管理执法即在上述领域根据国家法律法规规定履行行政执法权力的行为，为推行城市管理领域综合执法划定了职责边界。改革开放以来，城市管理执法工作先后经历了城市管理执法体制构建时期（1978—1995年）、城市管理相对集中行政处罚权改革时期（1996—2002年）、城市管理综合行政执法改革试点时期（2002—2008年）、地方政府综合执法

探索时期（2008—2014年）、城市管理执法体制改革时期（2014年以来）五个发展阶段，从最早的城建监察制度，到相对集中行政处罚权制度，再到如今的综合执法制度，城市管理执法的职责范围越来越宽。2002年，国务院全面推行城市管理相对集中行政处罚权时规定的"7+1"范围（市容环境卫生、市政公用管理、园林绿化管理全部执法权，城市规划管理、环境保护管理、工商行政管理、公安交通管理部分行政执法权+城市政府自行决定的事务），在许多城市已经成为"7+X"，而这个由城市政府自行确定的"X"的数量，早已远远大于1。住房城乡建设部对2015年3月份前公布的46个城市城市管理执法权力清单的分析显示，城市管理执法事项涵盖市容、市政、公用、园林、规划、建筑、房产、景区、水务、工商、环保、交通、公安、食品、卫生、旅游、人防、商务、文化、民政、国土、教育、渔政、林政、气象、养犬、煤炭等27大类、908项，相关执法职责共涉及住房城乡建设部在内的20个部门。在地方，这样的状况被形象地称为"城管执法是个筐，什么都往里装"，城市管理部门承担了许多不该管也管不了的执法职责，不仅不堪重负，还屡屡成为社会矛盾的焦点。因此，市、县城市政府应当将城市管理执法职责限定在《指导意见》规定的范围内。确需增加的，应当进行科学论证，并报所在省、自治区人民政府审批。

需要强调的是，有立法权的城市应当积极推进城市管理立法工作，将城市管理和执法职责范围通过地方立法的形式确定下来，确保城市管理和执法工作于法有据、依法行政。

（张　斌）

明确城市管理主管部门

    明确城市管理主管部门是理顺城市管理执法体制的内在要求，是加强城市管理执法机构建设的关键举措，是提高执法和服务水平的必然选择。明确城市管理主管部门，有助于推动城市管理事权规范化，有助于减少各地城市管理执法乱象，有助于加强城市管理执法工作顶层设计。推进城市执法体制改革，改进城市管理工作，必须明确城市管理主管部门。

一、明确主管部门有助于推进城市管理事权规范化

    中国传统的行政管理体制采用条块分割行使。纵向强调层级划分，横向注重行业特征，上下之间强调业务的对口衔接。自1997年《中华人民共和国行政处罚法》颁布以来，地方城市政府根据相对集中处罚权的有关规定，设立了城市管理执法机构，在城市政府的领导下开展工作，中央层面一直没有统筹、规划、指导城市管理和执法工作的部门，城市管理和执法工作长期存在"散、乱、缺"的问题。

    从事权划分的角度看，城市管理工作既是中央事权，又是地方事权。明确主管部门，是推进城市管理事权规范化的内在要求，是全面推进依法治国、建设法治政府的重要内涵。只有在确立城市管理主管部门的基础上，明确中央、地方在城市管理工作中的事权，实现城市管理执法机构、职能、权限、程序责任的法定化，才能让城市管理工作在法律和制度的框架内开展，并以城市管理执法部门带头守法、严格执法引导督促市民、法人和其他组织依法参与城市活动。

    《中共中央关于深化行政管理体制改革的意见》明确指出：部门职

责交叉、权责脱节和效率不高的问题仍比较突出；政府机构设置不尽合理，行政运行和管理制度不够健全。体制不顺的问题在一定程度上制约城市良性运行，深化城市管理执法体制改革势在必行。《指导意见》强调：国务院住房和城乡建设主管部门负责对全国城市管理工作的指导，研究拟定有关政策，制定基本规范，做好顶层设计，加强对省、自治区、直辖市城市管理工作的指导监督协调，积极推进地方各级政府城市管理事权法律化、规范化。各省、自治区、直辖市政府应当确立相应的城市管理主管部门，加强对辖区内城市管理工作的业务指导、组织协调、监督检查和考核评价。各地应科学划分城市管理与相关行政主管部门的工作职责。《指导意见》对中央与地方在城市管理执法工作中的事权划分作出了规定，有助于推进城市管理事权规范化，进一步改进城市管理执法工作。

从国外城市管理的先进经验来看，城市管理不仅仅是地方事权，中央在顶层设计和指导监督等方面的作用十分重要。日本在国土交通省下设都市局，综合协调城市管理工作。其主要职责包括：大都市圈整备、地下管网运营、道路交通事务、城市安全管理、公园景观环境、历史古城保护、街道社区更新及综合治理等职责。英国设立环境运输和地区事务部，主管城市建设和管理工作。新加坡在国家发展部设立公园与康乐局和市镇理事会，负责城市管理工作。国外实践证明，合理划分中央与地方的城市管理事权，在中央设立城市管理主管部门，为促进城市良性运行提供了坚实的制度基础。

二、明确主管部门有助于逐步减少城市管理执法乱象

2008年，国务院将城市管理的具体职责交给城市人民政府，由城市人民政府自行确定城市管理体制。大多数城市人民政府将市容环卫、市政公用、园林绿化、城市风景区和公园管理等方面的行政处罚权赋予城市管理综合执法部门，在一定程度上提高了管理和执法效能。但是，城

市管理综合执法工作在体制上的根源性问题没有得到解决，反而因为没有上级主管部门，地方各自为政，执法机构设置、职责范围不统一、执法行为和队伍管理不规范，个别城市野蛮执法现象时有发生。在现行的行政管理体制下，由于国家、省级层面没有城市管理主管部门，许多需要由国务院、省级人民政府进行的工作无法提上日程，许多政策、措施不能及时出台，基层城市管理工作的合理诉求得不到有效解决，制约了城市管理水平的提高。

全国城管执法机构设置调研发现，全国范围内城市管理部门的属性各不相同。从机构设置模式看，有的是政府组成部门，有的是政府直属机构，有的是政府组成部门的下设机构；从机构性质看，有的是行政机关，有的是参公事业单位或全额拨款事业单位，还有的是差额拨款或自收自支事业单位；从人员使用看，各地普遍采用"行政人员+事业人员+临时工"的队伍结构，行政编制短缺，临时工管理使用粗放，标志标识及着装混乱，出现了非国家机关行使国家职能、罚没返还作为经费来源、临时工超越职权开展执法工作等乱象，亟待解决。

明确城市管理主管部门，对城市管理行业进行统一规划和指导规范，及时全面掌握各地城市管理工作情况，制定相关的政策法规、规章制度、行业标准规范并监督落实，引领和规范行业发展，有助于解决政策缺位、监管缺失等造成的各类问题。

三、明确主管部门有助于加强城市管理执法工作顶层设计

城市管理执法工作在国家和省级没有明确主管部门，缺乏顶层设计和顶层指导、监督，是导致各地机构设置混乱、工作各行其是的重要原因。因此，明确城市管理执法在国家和省级的主管部门，既是加强顶层设计和工作指导的需要，也是强化纵向层级监督、健全行政复议制度、促进工作规范化的需要。

一是有利于加强城市管理和执法工作的制度设计。城市管理和执法

机构承担着城市市政公用设施运行管理、市容环境卫生管理、园林绿化管理、城市管理综合执法等具体职责，任务繁多，责任重大。明确中央主管部门负责对城市管理工作全面、统一、科学的业务指导，可以对全国城市管理战略、规划、政策、标准的制定和实施进行统筹安排，在全国范围内统一指导建立与城市发展水平相适应的城市管理运行规范、执法标准和评价体系。有效解决当前机构名称不统一、管理职责不清、监督管理缺位等问题，使各地城市管理工作水平统一规范起来。

二是有利于推动建立完善的城市管理法律体系。从我国的立法经验看，推动具体行业在国家层面的立法工作，一般需要由国家主管部门来推动。明确国家城市管理主管部门，可以加快有关城市管理和城市管理综合执法等的立法工作；修订与城市基础功能相关、与城市公共空间管理有关的法律法规；制订法律法规还有空白的管理事务相关条例和规章。

三是有利于加强对城市管理执法队伍建设的指导。近年来，城市管理执法队伍不断壮大，全国县级以上地方政府城市管理执法机构中，城市管理执法人员达45.5万人。城市管理队伍普遍存在建设不规范、管理不到位等问题，缺乏有效的执法监督，导致城市管理执法不作为、乱作为、暴力执法等乱象丛生。明确城市管理主管部门，制定出台相关制度措施、工作规范并监督落实，组织建立常态化的执法监督机制，有助于加强对违规违纪行为的监督检查，重塑城市管理执法队伍形象。

四是有利于加强相关部门的综合协调。城市管理执法体制改革工作涉及中央多个部门和单位，落实改革工作，需要有专门的机构负责加强部门间的协作配合和工作衔接，统筹解决城市管理和执法工作中的重大问题。明确城市管理主管部门，建立部际、省际联席会议制度，将为多部门协力改进城市管理工作搭建平台，促进改革各项任务的贯彻落实。

（杨海英）

推进城市管理领域大部门制改革

《指导意见》旗帜鲜明地提出，"推进市县两级政府城市管理领域大部门制改革，整合市政公用、市容环卫、园林绿化、城市管理执法等城市管理相关职能，实现管理执法机构综合设置"。这既是这次改革的关键举措，也是突出亮点，对于推动城市转型发展、加快政府职能转变具有重要意义。

一、推进市县两级政府城市管理领域大部门制改革是深化行政管理体制改革的重要举措

大部门制是为推进政府事务综合管理与协调，按照政府综合管理职能合并政府部门，组成超大部门的政府组织体制。其特点是，将多种联系密切的事务交由一个部门管辖，最大限度地避免职能交叉、政出多门、多头管理，提高行政效率，降低行政成本。党的十七届二中全会通过的《中共中央关于深化行政管理体制改革的意见》提出，"按照精简统一效能的原则和决策权、执行权、监督权既相互制约又相互协调的要求，紧紧围绕职能转变和理顺职责关系，进一步优化政府组织结构，规范机构设置，探索实行职能有机统一的大部门体制，完善行政运行机制"。地方政府应当"根据各层级政府的职责重点，合理调整地方政府机构设置。在中央确定的限额内，需要统一设置的机构应当上下对口，其他机构因地制宜设置"。党的十八届四中全会通过的《中共中央关于全面推进依法治国若干重大问题的决定》提出，"理顺城管执法体制，加强城市管理综合执法机构建设，提高执法和服务水平"。推进市县政

府城市管理领域大部门制改革，是落实这项改革任务的关键环节和重要突破口。

推进大部门制改革的核心是转变政府职能。随着城镇化的快速发展，城市工作的重心逐渐从大规模的开发建设转向人性化、精细化管理。保障城市健康运行的任务日益繁重，加强和改善城市管理的需求日益迫切，城市管理工作的地位和作用日益突出。习近平总书记多次强调，要主动适应新型城镇化发展要求和人民群众生产生活需要，以城市管理现代化为指向，改革城市管理体制，理顺各部门职责分工，提高城市管理和执法水平，加强城市安全监管，让城市成为人民追求更加美好生活的有力依托。市县政府作为城市管理工作的责任主体，必须按照《指导意见》的要求，尽快摒弃重建设轻管理、重地上轻地下、重执法轻服务等倾向，以理顺体制机制为途径，将城市管理执法体制改革作为推进城市发展方式转变的重要手段，加快构建权责明晰、服务为先、管理优化、执法规范、安全有序的城市管理体制，推动城市管理走向城市治理，促进城市运行高效有序，实现城市让生活更美好。

二、推进市县两级政府城市管理领域大部门制改革是提升城市管理水平的重要举措

一般而言，大部门制改革的作用主要体现在三个方面。一是有利于整合行政管理资源，再造工作流程，减少职能交叉，提高行政管理和公共服务效能。二是有利于明确职责边界,破解职能分散、政出多门的弊端，实现事权和支出相适应、权力和责任相统一。三是有利于推进管理创新，提高行政管理的现代化水平。

市、县城市管理工作中，经常面临管理职责分散、效能低下、管理与执法相脱节等问题。例如，许多城市的道路保洁、绿化带保洁、下水道疏通和城市管理执法分别由不同的部门负责，就像"铁路公安，各管一段"。环卫工人将路面上的垃圾扫入路边的绿化带，园林工人将绿

化带中的垃圾倒入下水道，市政工人则将下水道中清掏出来的垃圾直接堆放到路面上。城市管理执法人员面对这堆垃圾，无法辨明责任，无法实施处罚。一堆垃圾转了一圈又回到了原点，看似是个笑话，却发人深省，折射出城市管理和执法体制上的缺陷。另外，城市的现代化不仅包括地面上看得见的现代化，也包括地面下看不见的现代化。时至今日，仍有部分城市"重地上、轻地下"，地上设施齐全，地下管线建设、管理混乱，表面上城市运行良好，但是一到雨季，许多城市便启动"看海模式"，露出了真面目。许多城市相继发生的管线泄漏爆炸、路面塌陷等事故，一再为我们敲响警钟。如果我们不加以重视，不加快改革步伐，就会付出更加沉痛的代价。要解决这些问题，就必须从推进城市管理领域大部门制改革入手，充分整合城市管理和执法相关职责，实现管理和执法机构综合设置。遵循城市运行规律，建立健全以城市良性运行为核心，以城市道路为重点，地上和地下统筹协调的城市管理体制机制。

三、市县两级政府城市管理领域大部门制改革必须实现管理执法机构综合设置

通过调查研究发现，城市管理执法中许多问题的根源在于城市管理体制不顺，部门各自为政，规划、建设、管理脱节。执法是管理的手段，管理是执法的基础，执法往往只能治标，不能治本。例如，流动摊点、马路市场、机动车乱停乱放等问题往往只是表象，根源在于农贸市场、便民网点的缺失和公共停车场（位）的不足。如果不从城市基础设施和便民服务设施的规划、建设和管理这一源头入手来解决问题，单凭执法无法实现有效管理。由于管理与执法相脱节，有的城市市政管理部门对检查发现的问题没有行政处罚权，需要将相关信息移交给城市管理执法部门，城市管理执法部门需要对相关问题重新检查一遍，遇到专业性强、复杂疑难问题或需要使用专业设施设备等情况时，还要再请市政管理部门配合，人为增加了管理和执法成本，降低了管理效率。因此，

应将完善城市管理体制和理顺城管执法体制有机结合起来，从城市管理和执法体制两个方面深入推进改革，实现从末端执法向源头治理这一理念性的转变。

2008年以来，各地逐渐认识到，管理是执法的基础，执法是管理的手段和保障，二者相辅相成，不可分割。许多城市积极探索，提出了服务、管理、执法"三位一体"的理念，并通过整合市政公用、市容环卫、园林绿化、城市管理执法等管理和执法职责，实行管理执法机构综合设置来破解管理与执法相互脱节等问题，取得了良好效果。例如，2014年6月，山东省委、省政府出台文件，要求"整合城市管理领域市容环卫、园林、市政管理等相关机构职责"，"健全城市管理、执法、服务'三位一体'大城管体制"。《指导意见》提出的改革要求，正是对各地先进经验的总结和推广。在此基础上，各地应当遵循城市运行规律，建立健全以城市良性运行为核心，地上地下设施建设运行统筹协调的城市管理体制机制。有条件的市和县应当建立规划、建设、管理一体化的行政管理体制，强化城市管理和执法工作。对于什么样的市和县具备条件，有的地方认为，规模较小的市、县，城市规划、建设、管理的任务相对较轻，实行规划、建设、管理机构综合设置有利于整合有限的管理和执法资源，避免职责分散交叉，提高城市规划、建设、管理效能，可以在城区常住人口20万以下的县级市、县城探索推行规划、建设、管理一体化的行政管理体制。

四、推行市县两级政府城市管理领域大部门制改革应当统筹解决好机构性质问题

长期以来，城市管理部门还面临在城市政府中地位不高的问题。据统计，全国3074个县级以上政府城市管理执法机构中，52.5%是政府组成部门或直属机构，其余则是政府部门的内设机构或下设机构。对100个地级以上城市的抽样调查显示，该比例更是高达81%。是否列入政

府机构序列，体现城市人民政府对城市管理和执法工作的重视程度，也影响工作的有效开展。通过推进市县两级政府城市管理领域大部门制改革，实现管理执法机构综合设置，可以在很大程度上减少城市政府机构数量，为解决城市管理部门机构性质问题提供了可能。各地应当按照《指导意见》的要求，在推行大部门制改革基础上，统筹解决好城市管理部门的机构性质问题，将城市管理部门统一纳入政府机构序列。

需要强调的是，大部门制改革作为行政管理体制改革的关键环节，涉及到复杂的利益关系和权力关系的调整，考验改革者的政治智慧和操作水平。各地必须坚持整体配套改革的原则，使市县两级政府城市管理领域大部门制改革与其他改革相互协调、彼此促进。同时，还要严肃工作纪律，严格执行有关编制、人事、财经纪律，严禁在改革工作中超编进人、超职数配备领导干部、突击提拔干部等。在职责划转、机构和人员编制整合调整过程中，应当按照有关规定衔接好人财物等要素，做好工作交接，保持工作的连续性和稳定性。涉及国有资产划转的，应做好资产清查工作，严格执行国有资产管理有关规定，确保国有资产安全完整。

（董红梅、张　斌）

统筹解决好机构性质问题

城市管理综合执法制度对深化行政体制改革、促进社会综合治理、建设法治政府起到了重要的作用。其中，城市综合管理执法机构作为实施相对集中执法权的主体，是城市管理执法的关键，其建设直接关系到城市管理综合执法制度的推进。目前，各地城市管理综合执法机构性质不明确、设置不规范的问题极为突出，并由此引发一系列矛盾，成为制约城市执法体制改革和城市管理工作改进的瓶颈。《指导意见》提出"统筹解决好机构性质问题，具备条件的应当纳入政府机构序列"的要求，为确定城市管理综合执法机构性质指明了方向。统筹解决好机构性质问题，既是明确城市管理综合执法机构法律地位的必然要求，也是明确城市管理执法人员身份，为执法提供全面保障的前提和基础。

一、机构性质决定机构法律地位

各地城市管理综合执法机构的名称大多为"城市管理行政执法局"、"城市管理综合执法局"、"城市管理执法局"或其他相类似名称。这些执法机构虽然在名称上具有相似性，但机构性质却存在极大差别。统计显示，在全国3191个市、县（区）政府中，有3074个政府设立了城市管理执法机构，但机构的名称、性质、工作人员的身份等均不统一。尽管2002年《国务院关于进一步推进相对集中行政处罚权工作的决定》已经明确"不得将集中行使行政处罚权的行政机关作为政府一个部门的内设机构或者下设机构，也不得将某个部门的上级业务主管部门确定为集中行使行政处罚权的行政机关的上级主管部门。集中行使行政处罚权的行政机关应作为本级政府直接领导的一个独立的行政执法部门，依法独立履行规定的职权，并承担相应的法律责任"，但实践中各地城市管理综合执法机构的性质却依然无法得到统一，具体包括了政府职能部门、政府内设机构、政府工作机构、事业单位等多个类型。实践中，各地方政府根据自己的编制能力、重视程度、财政经费等因素自行确定城市管理综合执法机构的性质，在整体上缺乏统一的法治保障和科学合理的标准。而机构性质的模糊使得城市管理综合执法机构的法律地位不明，难以纳入法治化轨道进行管理。

从城市管理综合执法机构的职能来看，无论是城市规划、市容环境卫生，还是城市园林绿化管理、污染整治，均来源于政府下属的各职能部门。在实施权力相对集中前，由原职能部门分别承担相关职能。此类对城市公共事务的管理职能毫无疑问属于政府职能，应当由行政机关承担。从行政职权来看，以相对集中处罚权和强制权为中心的综合执法权直接涉及公民、法人和其他组织的权利与义务，带有一定的国家强制性，属于典型的行政职权，应当由行政机关而非事业单位或其他组织行使。故在综合考量和统筹全局的情况下，城市管理综合执法机关的性质应当定位为国家行政机关，作为本级政府直接领导的一个独立的行政执法部门展开活动。

《指导意见》指出"具备条件的应当纳入政府机构序列"，对机构性质的确定提出了较为明确要求。考虑到现实中各地城市管理机构的差异较大，在短时间内统一转变为独立的行政机关存在一定难度，可由各地结合实际情况实施区别处理。经过一定时间的实践探索，经验较为丰富、条件较为成熟的城市管理综合执法机构应当先纳入政府序列，明确其行政机关的身份定位，由同级财政提供经费保障。

二、机构性质决定机构人员身份

机构性质的模糊直接导致了城市管理执法人员身份的模糊，机构性质不清决定了执法人员的法律地位不清晰、身份不明确。从现实情况来看，受编制、预算、岗位、工作性质等一系列因素的影响，各地城市管理综合执法人员的身份差异较大，甚至在同一执法机构中也存在多种身份类型的执法人员。目前，各地城市管理执法者有的需要通过公务员考试方可录用，属于公务员编制，有的属于参照公务员管理人员，有的属于普通事业单位人员，此外，还存在大量的合同聘任制人员参与城市管理综合执法的实际工作。

由于城市管理综合执法机构的性质和地位未得到明确，且行政系统的整体编制有限，编制分配又牵涉到各职能部门的实际利益，各地城市管理综合执法机构所获得的整体编制普遍较少，无法满足现实需要。这直接导致了行政编制与事业编制混编、混岗，合同制聘用人员、协管人员、临时工数量超过规定限制并参与执法等情况频繁出现。执法队伍构成复杂，执法人员素质良莠不齐成为影响规范化执法的重要因素。部分协管人员没有经过执法培训，不具备执法资格，法制观念淡漠，不尊重相对人的基本权益，导致大量不规范、不文明执法现象的发生，对城市管理执法者的群体形象造成消极影响。

明确机构性质为明确执法人员的法律地位奠定了前提和基础。在《指导意见》"统筹解决好机构性质问题，具备条件的应当纳入政府机构序列"的要求之下，城市管理综合执法人员的身份应当得到明确。纳入政府机构序列的城市管理综合执法机构工作人员应当具备公务员身份，享受公务员的福利待遇及保障，享有公务员的权利并应当履行公务员的义务。

三、机构性质决定相应的条件保障

机构性质不清导致各方面保障条件有限。目前，部分地方的城市管理综合执法机构不属于政府序列，缺乏同级财政的支持，执法人员的经济收入、福利待遇、工作条件无法得到保障，执法队伍的通信工具、交通工具、执法过程中所必需的调查取证技术装备落后，无法满足执法的实际需要，队伍建设难以推进。为解决财政困境，部分执法机构自行创收，鼓励罚款，以罚代管，在违背收支两条线基本规定的同时往往激化社会矛盾，增添管理负担。

将城市管理综合执法机构纳入政府机构序列意味着城市管理综合执法工作将得到同级财政的保障。财政应当增加对城市管理执法技术装备、执法工具方面的投入，以改变执法装备落后、技术含量低、难以满足现实需要的现状；增加信息建设的投入，以保证综合执法机构网络信息平台、管理软件的开发和应用，真正实现信息化、数字化治理；增加对执法人员培训的投入，实现执法人员素质的提升。

（马怀德）

推进城市管理领域综合执法

中共十八届三中全会通过的《中共中央关于全面深化改革若干重大问题的决定》明确提出，"深化行政执法体制改革，整合执法主体，相对集中执法权，推进综合执法，着力解决权责交叉、多头执法问题，建立权责统一、权威高效的行政执法体制；减少行政执法层级，加强食品药品安全、安全生产、环境保护、劳动保障等重点领域基层执法力量。理顺城市管理执法体制，提高执法和服务水平。"十八届四中全会通过的《中共中央关于全面推进依法治国若干重大问题的决定》再次强调"深化行政执法体制改革。根据不同层级政府的事权和职能，按照减少层次、整合队伍、提高效率的原则，合理配置执法力量。推进综合执法，大幅减少市县两级政府执法队伍种类，重点在食品药品安全、工商质检、公共卫生、安全生产、文化旅游、资源环境、农林水利、交通运输、城乡建设、海洋渔业等领域内推行综合执法，有条件的领域可以推行跨部门综合执法。"可以看出，实施执法权的相对集中，推进综合执法，是解决权责交叉、多头执法问题和提高执法效率的必然要求，也是行政体制改革的重要组成部分。推进城市管理领域综合执法首先需要科学、合理界定城市管理综合执法机构的职权范围，厘清综合执法机构与其他政府职能部门之间的关系，同时要完善执法层级力量配比，建立部门之间的合作、协助机制。

一、科学合理界定职权范围

科学、合理地确定应当集中的执法权，是推进城市管理综合执法首先需要解决的问题。集中行使城市管理执法权的目的在于保障行政权的高效运行，实现良好的城市治理与社会治理，故权力的分配需要兼顾制度的科学性与执法实践需求，在科学合理的标准之下实现有效配置。在这一过程中，如何确定权力分配的标准尤为重要。《指导意见》提出"重点在与群众生产生活密切相关、执法发生频率高、多头执法扰民问题突出、专业技术要求适宜、与城市管理密切相关且需要集中行使行政处罚权的领域推行综合执法"，明确提出了以下标准：

（一）与群众生产生活密切相关

与群众生产生活密切相关的领域一旦出现违法行为，将直接对民众的日常生活、工作秩序和基本权益造成影响，典型例子如社会生活噪声污染、建筑施工噪声污染、建筑施工扬尘污染、餐饮服务业油烟污染。此类违法行为在日常生活中较为多见，对公民安宁、有序的生活造成较大影响，因而行政权必须给予更多关注，提供覆盖面更宽、覆盖密度更高的公共服务。在该领域实施相对集中执法权，赋予综合执法机构完整的治理权限，可使权力运行更为顺畅，实现执法效果的提升，最大程度地保障公民切身利益。

（二）执法发生频率高

执法发生频率高通常意味着该领域易发生违法事件，对城市秩序具有较大影响，应当进行重点治理，典型例子如户外公共场所无照经营、违规设置户外广告等。违法事件发生的高频率对执法效率提出了一定要求，在该领域设定相对集中执法权，由专门的城市管理综合执法机构进行执法，可有效减少各职能部门间因沟通合作不畅而造成的延误和迟滞，有效提高执法效率，保障秩序价值。

（三）多头执法扰民问题突出

多头执法问题在城市管理执法实践中较为突出。多头执法、重复执法不仅影响了行政效率，提高了行政执法成本，还对公民的权益造成了侵害，干扰了正常的经济秩序。在进行职权分配时，应当考虑该领域的执法工作是否涉及多个部门，职权交叉、多头执法、重复执法等问题是否突出。对于职权交叉较多，构成多头执法、重复执法，扰民严重、民众反应较为强烈的领域，应当进行执法权的相对集中，并尽量在原职能部门与城市管理综合执法机构之间进行权力的整体划转。

（四）专业技术要求适宜

现代行政的专业性逐渐增强，行政执法过程中对专业知识和专业技能的要求也随之增加，如某些领域的执法需要经过专业性较强的调查取证，部分领域的执法甚至需要得到专业机构的鉴定支持。专业要求过高的执法事项不应当列入综合执法的范围中，否则在预算、执法人员等约束条件的局限下，城市管理综合执法机构将会出现权限覆盖范围过宽而执法能力不足的情况。因此，城市管理综合执法的范围应当集中于根据日常执法经验可以直接判断，而无需借助专业技术检查、鉴定才可完成执法工作的领域。

（五）与城市管理密切相关且需要集中行使行政处罚权

从广义上看，城市管理所涉及的事项包含政治、经济、社会等各个方面。如果对与城市管理相关的所有事项实施综合执法和集中管辖，城市管理综合执法机关的权限就将过于宽泛而无法行使。在此意义上，与城市管理密切相关且需要集中行使行政处罚权的事项应当理解为与城市管理的核心事务相关的事项，如城市的建设以及城市运行中的日常管理和秩序保障等。

在明确权限划分标准的同时，《指导意见》进一步指出综合执法的具体范围："住房城乡建设领域法律法规规章规定的全部行政处罚权；环境保护管理方面社会生活噪声污染、建筑施工噪声污染、建筑施工扬尘污染、餐饮服务业油烟污染、露天烧烤污染、城市焚烧沥青塑料垃圾等烟尘和恶臭污染、露天焚烧秸秆落叶等烟尘污染、燃放烟花爆竹污染等的行政处罚权；工商管理方面户外公共场所无照经营、违规设置户外广告等的行政处罚权；交通管理方面侵占城市道路、违法停放车辆等的行政处罚权；水务管理方面城市河道违法建筑物拆除、向城市河道倾倒废弃物和垃圾及违规取土等的行政处罚权；食品药品监管方面户外公共场所食品销售和餐饮摊点无证经营，以及违法回收贩卖药品等的行政处罚权。"这一执法范围的划定正是对上述权限划分标准的贯彻和应用。具体执法权限的明晰有助于厘清权力边界，实现权力的合理配置，解决城市管理综合执法机构与政府其他职能部门之间的权限争议，从而推进城市管理综合执法制度的完善。

二、处理好层级执法力量配比

基层执法力量不足导致监管需求无法满足，监管目标无法实现。目前，执法力量集中层级过高、日常监管不到位等问题在城市管理执法中普遍存在，基层执法机构有责无权的情况使得城市管理综合执法难以推进。要解决这一问题，必须要处理好层级执法力量的配比，实现执法重心和执法力量的下移，并通过法治化的途径提供保障。《指导意见》提出"按照属地管理、权责一致的原则，合理确定设区的市和市辖区城市管理部门的职责分工"，并详细阐明了分工方案，对于正确处理层级执法力量配比问题具有重要的指导意义。

三、完善公务合作和协助机制

杜绝多头执法和交叉管理并不意味着要在城市管理综合执法机构与相关职能部门之间实现绝对的分离和分隔。城市管理综合执法机构继受、承担相关职能部门的执法职权后，需要与相关职能部门之间建立科学、合理的合作机制与执法协助机制，以推进联合执法，促进信息与资源的共享，实现有效的治理。如相关职能部门在城市管理中实施了行政许可或在后续监管中发现违法行为需要及时纠正的，应当及时告知城市管理综合执法机关，城市管理综合执法机关在进行查处后应当及时向有关职能部门进行反馈，以实现信息的互联互通，促进协作治理。此外，在一些矛盾冲突较为激烈的执法活动中，执法人员遭遇暴力抗法的风险较高。因为此类执法活动中的相对人可能涉嫌违反《中华人民共和国治安管理处罚法》的相关规定，由城市管理综合执法机构单独完成执法并不现实，故可考虑建立城市管理执法公安协助机制，以公安机关设立专门的城市管理警察队伍或向城市管理部门派驻警力等方式，提高综合执法的威慑力和实际效能。

（马怀德）

推进城市管理执法重心下移

根据《指导意见》规定，城市管理的主要职责是市政管理、环境管理、交通管理、应急管理和城市规划实施管理等，城市管理执法是在这些领域根据国家法律法规规定履行行政执法权力的行为。从《指导意见》的规定以及城市管理执法的实践看，城市管理执法具有职责范围宽、执法内容多、现场执法为主、直接面对行政相对人等特点。城市管理执法要适应《指导意见》和工作实际的要求，必须实现执法重心向基层的下沉。

一、城市管理执法重心下移的必要性

从实践情况看，现有城市管理执法力量以及配置情况，不足以充分承担城市管理职责。

（一）城市管理的事项主要集中在基层

城市管理执法的事项，重点在与群众生产生活密切相关、执法频率高、多头执法扰民问题突出、专业技术要求适宜、与城市管理密切相关的领域推行。可见，城市管理执法的事项，大量集中在基层，集中在一线。如环境保护管理方面的社会生活噪声污染、建筑施工噪声污染、建筑施工扬尘污染、餐饮服务业油烟污染、露天烧烤污染、城市焚烧沥青塑料垃圾等烟尘恶臭污染、露天焚烧秸秆落叶等烟尘污染、燃放烟花爆竹污染等问题的治理，这些问题广泛存在于基层一线。城市管理要切实产生效果，必须要让城市管理的力量主要配置在基层。

（二）执法力量不足

相比繁杂的城市管理事项，城市管理人员队伍建设严重不足。有些地方，即使有限的执法力量，还经常出现编制被占用、挪用的情况。在执法人员总体不足的情况下，一些城市又将工作重心集中在市区，基层执法力量不足的问题，执法资源配置不合理、不平衡。不少地方只好采取增加临聘人员等办法予以补充，造成人员素质不高，执法行为不规范，社会对城市管理评价低。

（三）层级管理不清晰

对于设区的城市而言，城市管理职责实际上由市、区政府以及街道办事处承担。这种三级管理的体制，一方面会在部分领域存在着市、区、街道多头执法的现象，另一方面多少存在着职责不清、权责脱节、条块关系不顺等问题。这势必造成各层级对于能管住管好的职能抢着管，对管不住管不好的职能都不管的情况。层级管理不清晰，影响城市管理执法效果。

（四）城乡二元管理差异明显

我国在城乡二元结构背景下推进城镇化，受制于原来的城乡二元管理体制，城乡城市管理的差异明显。至今一些较大城市的涉农街道、城乡接合部还没有专门的机构、人员从事城市管理，这些区域城市管理的"标准低、要求低、力度低"，"精细化、全覆盖"没有落到实处。

因此，为了更好地履行城市管理职能，有必要将城市管理执法力量向基层下沉，向城市外扩展。

二、准确理解《指导意见》
有关城市管理执法重心下移的要求

《指导意见》第八条有关城市管理执法重心下移的规定，可以从以下几个方面理解：

（一）合理确定市级城市管理部门的职责

城市是一个巨系统，城市管理是一项复杂的系统工程。必须合理划分各层级的管理职责。总体上看，城市政府在城市管理中处于最高的管理层级，相对于主要存在于街面的管理对象来说，管理链条较长，反应时间较慢，管理成本较高，不宜直接承担城市管理的具体职责。《指导意见》定位其承担的职责主要有两项：一是负责城市管理和执法工作的指导、监督、考核。即对区以及区以下城市管理职责履行情况、城市管理执法工作情况的指导、监督和考核，是市级城市管理部门的主要职责。二是跨区域及重大复杂违法违规案件的查处。如跨区域的垃圾填埋场的建设管理维护、跨区域市政设施的建设管理维护、重要区域场所的执法等。

（二）减少多层执法

《指导意见》所提在设区的市推行市或区一级执法，市辖区能够承担的可以实行区一级执法，市辖区不能承担的，市级城市管理部门可以向市辖区和街道派驻执法机构。这意味着，对于同一城市管理执法事项而言，不要出现市、区两级城市管理执法主管部门都有执法权的情况。也就是市、区两级政府各自管理的事项边界要明确清楚，尽量避免交叉。市里明确享有执法权的，区里就不再行使执法权。这样，有利于解决目前行政执法中同一件事多头管理，各级执法部门职权大体相同、多层执法、重复管理问题。

（三）执法重点尽量向基层下沉

城市管理的重点在基层，难点在街面。按照简政放权、放管结合、优化服务的要求，城市管理的管理权限和执法力量都应当向基层下沉。一是从城市的角度来说，管理重心向区县下沉。因此，《指导意见》规定，市辖区能够承担的，尽量实行区一级执法，推动执法事项属地化管理。即使是市辖区不能承担、明确由城市一级承担的城市管理事务，也可以由市级城市管理部门向市辖区和街道派驻执法机构，开展综合执法工作。二是从区、县的角度来说，管理重心尽量向街道办事处下沉。街道办事处虽然只是区县政府的派出机构，不是独立的一级政府，但事实上承担着大量的城市管理具体事务。因此，区级城市管理的重心也应当向街道下沉，把力量集聚到最需要的地方去。当然，由于街道办事处不是独立的一级政府，没有独立的执法权，以自己的名义独立开展执法存在困难。因此，可以采取市或者市辖区城市管理部门向街道派驻执法机构的方式，实现执法力量的下沉。为了进一步落实执法重心的下沉，《指导意见》进一步明确要求，派驻机构业务工作接受市或市辖区城市管理部门的领导，日常管理以所在市辖区或街道为主，负责人的调整应当征求派驻地党（工）委的意见。

（四）逐步实现城市管理执法工作全覆盖

目前城市管理的对象、范围主要还是在城市，城乡接合部、城中村等区域城市管理还较为薄弱。这与城市化的深化要求不相符合。因此，《指导意见》原则性提出，要逐步实现城市管理执法工作全覆盖，并向乡镇延伸，推进城乡一体化发展。

三、各地推进执法重心下移需要考虑的问题

（一）合理划分层级职责

实行两级政府、三级管理和条块结合、以块为主的城市管理执法机制，赋予基层城市管理队伍较大的执法权力，把区县、街道作为推进城市管理体制改革的重要依托。市级城市管理部门主要负责城市管理和执法工作的指导、监督、考核，由区、县一级政府全面负责辖区内的城市日常管理，街道和社区具体进行问题的巡查、发现、处置，同时动员市民和辖区单位积极参与城市管理。对跨区域、跨行业、跨部门、专业性较强及重大复杂违法违规案件的执法，城市管理法制宣传等工作应实行以市级城市管理部门为主，以区、街道、乡镇为辅的执法模式。

（二）执法重心向基层倾斜

建立"重心下移、力量下沉、保障下倾"的城市管理执法工作机制，保证执法力量应下沉到区、县乃至街道、乡镇。一是合理配置人员。调整人员配比系数，逐步提高基层特别是任务重的城郊接合部执法

力量配置比例。市级城市管理部门根据宏观指导、监督检查考核等工作的需要，可以保留部分执法力量，其余执法力量应全部划转到区级政府，或派驻到街道、乡镇，开展城市管理行政执法及日常管理工作，做到编随事转、人随事转。二是充分用足用好现有编制额度。要补足空编，加大招录力度，合理分配空余编制，重点向郊区县特别是任务重的城郊接合部街镇倾斜。

（三）逐步实现全域覆盖

一是统一标准，统一考核。按照城市管理全域覆盖的要求，管理内容、考核检查都应标准化、统一化，缩小城乡管理差距。二是管理范围向城郊接合部及乡镇扩展。城市管理的范围和重点，除了继续抓好中心城区的城市管理工作以外，还应扩大到城市管理基础较为薄弱的涉农区域，大力开展环境卫生、市容秩序、景观立面、市政设施维护等环境整治，弥补功能性缺失。结合当前村镇工作要求，积极开展百村容貌整治、美丽乡村建设，真正实现管理水平有效提升。三是加强乡镇及城郊接合部城市管理的工作保障。做到有专门机构、专门人员、专门经费，禁止随意占用、挪用。

（王　策）

强化队伍建设

优化城市管理执法力量

　　加强城市管理执法队伍建设是实现城市管理工作持续健康发展的基础，也是破解城市管理执法乱象的重要举措。目前，我国城市管理执法队伍存在数量严重不足、身份编制混乱、人员配置不科学等突出问题，在很大程度上制约了城市管理执法工作的正常开展。《指导意见》在合理设置岗位、科学配备人员、统筹解决编制、优化配备结构等方面，对如何优化执法力量提出了明确要求，具有很强的针对性和指导性，是当前和今后一段时期各地加强城市管理执法队伍建设的重要遵循。对此，可以从以下几个方面来把握：

一、根据执法工作特点合理设置岗位，科学确定城市管理执法人员配备比例标准

　　岗位是指城市管理部门根据其社会功能、职责任务和工作需要设置的工作岗位，应当具有明确的岗位名称、职责任务、工作标准和任职条件。随着城市工作的发展，城市管理执法的职责范围越来越宽，执法分工越来越细，执法标准越来越高，执法方式和手段越来越多，对城市管理执法岗位设置的要求也越来越高。科学、合理设置城市管理执法岗位是科学配备城市管理执法人员的前提和基础，是明确城市管理执法工作分工的重要依据，也是建立健全城市管理执法岗位责任制、加强执法监管、规范执法行为的迫切需要。城市管理执法工作具有执法范围广、执法事项多、一线比例大、技能综合性强等特点，在岗位设置上，要着眼政府职能转变，顺应强化事中、事后监管对综合行政执法的更高要求，

针对现行公务员职业发展路径单一、管理针对性不强等问题，以建设一支职业化、专业化、准军事化的行政执法队伍为目标，既要按照科学合理、精简效能的原则，做到因事设岗、层次合理、分工明确、协调联动，又要区别于一般的行政管理部门和执法部门，探索建立符合城市管理执法工作特点的执法岗位分类制度和等级制度，通过优化岗位结构比例和执法人员配置，来满足城市管理执法工作的实际需要。例如，在一线执法岗位的设置上，可以综合设置管理岗位、执法执勤岗位和专业技术岗位，科学确定不同岗位人员的数量和比例，提高执法工作的规范化水平。目前，城市管理执法人员的编制数量有限，执法力量严重不足的问题十分普遍。据统计，全国设置城市管理执法机构的3074个县级以上政府中，在编城市管理执法人员仅为23.4万人，占全国城镇人口的万分之三点一九，远低于警察（城乡总人口的万分之十四左右）的配备比例，难以满足实际执法工作的需要。各地要求增加城市管理执法人员的呼声十分强烈。特别是很多城市要求城市管理执法人员实行"五加二"、"白加黑"的全天候执法执勤模式，每个基层执法单位只有3~4名城市管理执法人员，面对辖区面积大、常住人口多、执法任务重的执法环境和网格化管理、综合执法等工作要求，往往力不从心，不得不大量使用协管人员。住房城乡建设部2008年印发的《城镇市容环境卫生劳动定额》中，就提出了"市容环境卫生监察、执法人员的定员数按城市人口的万分之三至万分之五"的配备标准，而城市管理执法人员承担的执法任务更加繁重，却连这样的标准都难以达到，天津、江苏、四川、广东等城镇化率较高的地区城市管理执法人员配备比例标准仅有万分之二左右。随着新型城镇化的快速推进，城市建成区面积不断扩大，全国超过2.67亿的农业转移人口进入城市，给城市管理执法工作提出了严峻挑战，城市管理执法人员不足的形势还将更加严峻。在这种情况下，各地应当根据城市管理执法工作的实际，科学确定城市管理执法人员的配备比例标准，在核定的编制数额内足额配备城市管理执法人员，确保城市管理执法队伍具备充分的履职能力。东部经济发达、城镇化水平高、人口数量多的城市，更应当适度提高城市管理执法人员配备比例标准，满足城市管理执法工作的实际需要。

二、统筹解决好城市管理执法人员的身份编制问题

目前，城市管理执法人员身份编制较为混乱，既有行政编制，也有参照公务员管理事业编制，更多的是一般事业编制。据统计，全国3074个县级以上政府23.4万在编城市管理执法人员中，行政编制人员为8.5万人，占36.5%；参照公务员管理的事业编制人员为4.4万人，占18.9%；一般事业编制人员为10.5万人，占44.6%。按照《中华人民共和国行政处罚法》第十五条和第十九条的规定，行政处罚由具有行政处罚权的行政机关在法定职权范围内实施，也可以委托依法成立的管理公共事务的事业组织实施。目前，各地城市管理部门普遍面临行政编制数量不足的问题，具体承担城市管理执法职责的机构往往作为下设单位，使用参照公务员管理事业编制。有的市、县城市管理执法机构连参照公务员管理事业编制都没有，仅能使用一般事业编制。由于身份编制的限制，城市管理执法队伍面临人员流动难、职务晋升难等诸多问题，严重影响了基层城市管理执法队伍的积极性。身份编制的多样化既严重影响了城市管理执法队伍的素质和能力，也引发了社会各界对城市管理执法队伍执法合法性的广泛质疑，严重影响了城市管理执法工作的权威性和城市管理执法队伍形象。统筹解决好执法人员身份编制问题有利于推进执法队伍建设的规范化，调动执法人员的积极性，更有利于提高执法行为的规范化，提高执法队伍的综合素质。《中共中央、国务院关于分类推进事业单位改革的指导意见》（中发〔2011〕5号）明确要求，承担行政职能的事业单位，应逐步将其行政职能划归行政机构或转为行政机构。在此背景下，具体承担城市管理执法职责的机构应当逐步将其行政职能划归行政机构或转为行政机构，相应地，参照公务员管理事业编制

和一般事业编制的城市管理执法人员也应当转为行政编制。因此，必须统筹解决好城市管理执法人员的身份编制问题。在财政供养人员只减不增、确保符合"约法三章"要求的前提下，各地可以结合机构综合设置和分类推进事业单位改革，妥善解决城市管理执法人员编制问题，有条件的城市，可以通过行政管理体制和政府机构改革调剂出来的空额逐步解决。城市管理执法主要使用行政编制人员，根据公务员"凡进必考"原则，就可以对执法人员素质和能力设定统一的标准，统一组织实施教育培训，统一进行严格管理，从而提高城市管理执法的规范化水平。各地应当积极探索行政编制管理使用新路子，向深化改革要编制，向加强管理要编制，向运用信息技术要编制。对精简压缩出来的机关行政编制，应当优先调剂给城市管理执法机构。各地应当积极探索在编制总量内跨区域、跨部门调剂使用编制，结合简政放权和执法、服务重心下移，推动编制资源向城市管理执法基层和一线倾斜。

三、推动城市管理执法力量向基层倾斜

加强城市管理执法，重点在基层，难点也在基层，这是由城市管理执法工作的发展规律决定的。随着城市化进程的加快，城市规模不断扩大，城市人口大量增加，城市管理执法事项不断增多，面临的社会矛盾和利益纠纷也日趋复杂，过去仅靠市一级城市管理执法队伍就能"一竿子插到底"的城市管理执法格局，越来越无法满足城市管理工作的实际需要。许多城市积极探索"两级政府、三级管理、四级网络、属地管理、重心下移"的城市管理模式，城市管理执法的重心逐渐向基层倾斜。根据住房城乡建设部对各省城市管理执法人员重心下移情况的调查分析，各省区、县一级城市管理执法力量占全省城市管理执法力量的平均比例为84%，天津、上海、重庆、北京4个直辖市的比例更是高达96%以上。山东、江苏、浙江、河南、湖北、湖南等省份的许多城市都实行了市、区分级管理、以区为主的城市管理执法体制，将城市管理执

法的具体事权下放到区，组建区级城市管理执法队伍，向街道派驻城市管理执法人员，并实行网格化管理，将执法工作向社区延伸，有效提高了管理和执法效能。但是，也有一些城市基层城市管理执法力量薄弱，执法人员数量不足、素质不高，编制、管理、保障等无法满足基层城市管理执法工作的实际需要。同时，由于基层城市管理执法工作条件艰苦、薪酬待遇差、上升通道窄、执行法律难，存在"专业人员不愿去、去了不愿留、时间长了不愿干"等现象，造成了懂法律、懂业务、懂实际的城市管理执法人才缺失，骨干力量、优秀干部流失。所以，各地在配备城市管理执法人员时，应当适度提高一线人员的比例，满足基层一线城市管理执法工作的需要。在城市管理执法人员核定的编制总数内，可以通过调整结构优化执法力量，确保一线执法工作需要，防止执法队伍"机关化"。区域面积大、流动人口多、管理执法任务重的地区，可以适度调高执法人员配备比例。

需要强调的是，优化城市管理执法力量是一项政策性强、涉及面广的工作，处理不好，容易影响城市管理执法队伍的稳定，影响城市管理执法体制改革工作的深入推进。在改革过程中，各地应当加强统筹协调，采取分步骤、分阶段、分类别的方式，妥善解决好城市管理执法人员的配备比例标准和身份编制问题，妥善处理好城市管理执法力量重心下移的时间、方法、步骤，确保改革过程中人心不散、队伍不乱、工作不断。

（朱桂华）

严格城市管理执法队伍管理

　　长期以来，城市管理执法队伍是保障城市健康运行、改善城市秩序、提升城市品质、服务城市居民、促进城镇化快速健康发展中不可或缺的重要力量。但由于城市管理的法制建设相对滞后，体制机制不完善，各级地方政府或多或少地存在重规划建设轻管理的现象，加之城市管理执法法律地位和执法身份的不明确，队伍管理制度不健全、不配套，提高执法人员素质的路径不畅，以致执法队伍自身建设相对薄弱，执法实力、执法能力和执法水平与城镇化的快速推进、城市规模的不断扩大、人民群众生产生活需要相比，存在较大的差距。也因此，城市管理执法队伍在社会舆论中整体认可度不高，在一定程度上制约了城市的快速健康发展和新型城镇化的顺利推进。严格队伍管理、促进队伍素质整体提升，应当成为当前及今后一个时期城市执法体制改革中的迫切任务之一。

　　《指导意见》提出"要构建权责明晰、服务为先、管理优化、执法规范、安全有序的城市管理体制，推动城市管理走向城市治理，促进城市运行高效有序，实现城市让生活更美好。"《指导意见》作为国家对新时期城市管理工作的全面战略部署，分别从理顺管理体制、强化队伍建设、提高执法水平、完善城市管理、创新治理方式、完善保障机制等方面，系统提出了改革的主要任务和具体措施，并对组织保障和落实机制做出了明确要求。其中，严格队伍管理问题作为《指导意见》中承上启下的部分，成为城市执法体制改革中的重要一环，其改革的成功与否，既关系到日趋综合的管理职能、机构设置和执法工作能否落到实处，又关系到执法水平、管理效能和治理创新水平提升的空间。当前，迫切需要与城市管理体制改革协调推进，准确把握导向和内容，进一步严格执法队伍的管理。以下根据《指导意见》内容，结合自身的城市管理执法队伍建设工作实践，谈如何基于对改革方向的"三个适应"，落实和细化《指导意见》中有关严格队伍管理的相关举措。

一、适应管理体制改革需要，建立严格高效管理制度

按照《指导意见》的要求，城市管理将推行大部制改革，设置综合的机构，并在重点领域推进综合执法，下移执法重心。随着改革工作的深入，城市管理执法队伍的工作领域和执法内容都将进一步拓展，除涉及住房城乡建设领域内的行政处罚权执行外，还会涉及环境保护、工商管理、交通管理、水务管理、食品药品监督等领域的行政处罚权执行。管理体制的改革将倒逼执法队伍建立与其职能和职业特点相适应的管理体制，打造更加系统化、专业化、规范化的执法队伍。为此，执法队伍管理需要在执法人员录用、干部选拔任用和队伍建设方面适时地动态优化。而目前我国的城市管理执法队伍主要由从原城市管理监察和城建监察等相关执法队伍中划转过来的人员、历年接收安置的军转干部和社会公开招录人员等组成，由于各地对执法人员的选拔（招录）条件、方式和文化程度等基本素质要求不一，现执法队伍中执法人员的素质参差不齐这一先天不足，势必容易造成执法队伍标准化建设与规范化管理中产生一系列问题。鉴于此，应当注意在人员录用、制度建设、队伍优化等环节进一步严格规范。

在严把人员进口关方面，应当在明确城市管理执法主体的基础上，尽快结合城市管理机构和职能设置，科学地设定城市管理执法队伍中的各类岗位及其职责，明确综合行政执法人员录用的标准，并严格按照《中华人民共和国公务员法》的有关规定开展执法人员的录用等有关工作。在录用考核中，需要注意适应新时期对综合执法人员素质的综合

要求，进一步加强对于执法人员业务能力、法制意识和思想道德等综合素质的考察，经执法资格考试等考核合格后，择优录用，为城市管理队伍结构优化奠定良好基础。要进一步加大军转干部的接受安置力度，充实城市管理执法的干部队伍。在现阶段城市管理部门整体还处于相对弱势的情况下，配合队伍的薪酬待遇和福利标准的完善，应当鼓励各级地方政府制定各种优惠政策，吸引优秀军转干部到城市管理部门工作。同时，要在执法队伍中积极营造拴心留人的环境氛围，确保高素质的人才招得进、留得住，使用得当。

在健全队伍制度建设方面，《指导意见》提出要"建立符合职业特点的城市管理执法人员管理制度……加强领导班子和干部队伍建设。"目前，城市管理执法人员的职业在向日趋综合化、标准化和规范化发展，管理制度建设也需要适应此种发展趋势。首先，要建立健全以行政执法责任制为核心的纪律约束制度，完善目标考核、权力制衡和监督制约机制，严格落实执法责任制、案卷评查制、错案追究制、评议考核制等。其次，建立完善执法标准体系，全面统一规范法律文书、执法程序、自由裁量权基准等，严格规范行政执法行为。再次，建立职权明确的队伍管理制度。坚持"以人为本、依法治理、源头治理、权责统一、协调创新"原则，按照专业化、标准化、规范化的要求，科学合理地设置如规划、建筑、市容卫生、城市绿化、市政道路等专业执法队伍，以加强对行业领域的综合执法管理。最后，建立健全执法队伍日常教育管理制度。要针对城市管理综合执法的任务、执法管理和服务对象、城市经济社会发展的特点，有计划地开展思想道德、职业道德、作风教育等素质教育，引导执法人员认识城市管理执法的职业特点，树立正确的人生、执法价值取向，自觉增强寓严格执法于热情服务之中的理念，培养严格、公正、文明执法，廉洁奉公、忠于职守、严守纪律的工作作风。

在完善队伍优化机制方面，需要进一步健全和完善优化干部任用与人才选拔机制。要按照中央、地方各级组织、人事部门的要求，着力培养政治坚定、有信仰、有能力、敢负责、有担当的城市管理干部队伍。建立优化组合、团结奋进、勇于作为的领导班子，使之真正成为执法队伍的好带头人。优化基层队伍领导班子，学习公安机关的做法，在城市管理执法队伍中不仅须设置行政领导岗位（如支队长、大队长、中队长等），还须设置政治工作领导岗位（政委、教导员、指导员等），特别是要优化配强执法大队以下的执法机构干部，以加强基层队伍管理工作。除此之外，还要进一步完善公众参与城市管理执法机制。加强宣传和服务，拓宽公众参与的方式和途径，自觉接受群众和舆论监督，积极营造为人民管理好城市、管好城市人人有责的良好氛围，通过公众参与的实践增强人民群众对城市管理执法的理解、支持和配合，并借力促进执法队伍的全面建设。

二、适应提高执法水平需要，塑造规范统一执法形象

《指导意见》在改进执法方式要求中明确"城市管理执法人员应该严格履行执法程序，做到着装整齐、用语规范、举止文明"，并要"健全执法全过程记录制度"。塑造规范统一执法形象是改进执法方式、提高执法水平的基础工作。而在实际的工作中，不少地方城市管理执法各类保障不到位，执法人员的执法服装和标志没有纳入财政预算、缺乏统一规范，调查取证器材配备不足，车辆等执法装备配置添置、更新不能满足需求，特别是在"公车改革"的背景下，执法车辆"超龄服役"、配置不足现象更为突出，严重影响了执法队伍的形象。在队伍的建设和管理中，应当将统一执法制式服装、标志标识和执法保障摆在更加突出的位置。

在服装和标志标识统一方面，各地应当根据国务院的统一部署，在2017年年底实现执法制式服装和标志标识的统一要求下，加大对于执法服装和标志标识的资金保障，将统一执法制式服装和标志标识采购纳入政府的财政预算；进一步完善有关执法队员着装和标志标识管理方面

的配套政策，重点需要明确对不同岗位着装标准、着装时间、着装风纪等方面的具体要求。比如，要求城市管理执法人员在执行公务时必须统一规范着装及举止行为，不得佩戴、系挂与城市管理执法人员身份或执行公务无关的标志标识，明确禁止非正式执法人员穿着执法制式服装，佩戴、系挂执法标识。同时，统一配发标准，落实相关措施，确保正常配发按期、按时到位。建立和完善对于着装风纪的监督检查机制及后续的惩罚纠错机制，并可视情节轻重程度对违反纪律行为规定处分方式。

积极改善执法保障。在相关政策允许的情况下，适应目前公车改革的主导方向，根据城市管理执法机构设置和执勤人员编制、执法执勤职能特点和工作量、地区的自然区位条件、当地的经济发展水平和财力状况等因素，制定执法执勤用车、执法装备配备标准。其中，特种专业技术用车编制核定，应当坚持保障工作需要、实事求是和厉行节约的原则，统筹考虑城市管理综合执法工作等需求，以及地方的交通、地理、气候、地方财力等因素，特别是要对专业化水平较高的市政管理和风险应急等领域相关装备的配置需求和标准做出明确的规定。此外，可以借鉴国内外发达地区的相关做法，为适应新时期科技发展需要，大力提高办案效率，应当在执法领域积极推行，并广泛运用现代科技成果，适时运用大数据技术、信息技术和"互联网+"等现代科学技术，改善执法方式和手段，进一步配备完善有关现场取样监测、执法过程记录、信息传输和风险防控等装置和设备，以促进执法过程的规范、有序和安全推进。

三、适应工作突破创新需求，打造德才兼备执法队伍

在《指导意见》的要求中，不仅明确了执法队伍在城市管理综合执法中的主体作用，而且明确了其在市政管理、公共空间维护、优化城市交通、改善人居环境、提高应急能力、整合信息平台、构建智慧城市中

的积极角色，更试图释放其在引导社会各方力量参与、综合利用各种科技和培育城市文明意识等方面的创新潜力。为适应新形势下的城市管理和治理工作的要求，城市管理执法队伍的管理需要从提高自身综合应对能力、思想政治素质以及创新能力入手，力图建立符合自身队伍特征的团队文化和创新激励机制，打造政治坚定、作风优良、纪律严明、廉洁务实的执法队伍。

在团队文化建设方面，应倡导社会主义核心价值理念，形成具有高度认同感的队伍目标和价值，发挥城市管理文化的影响力和感染力，增强队员的职业荣誉感和归属感，形成广大城市管理执法队员为城市管理事业无私奉献的强大精神动力。为执法人员综合素质提升积极创造条件，进一步加快完善城市管理执法队伍内部的办公场所、图书阅览室等设施配套，营造良好的学习和工作环境。建立清晰明确的培训需求调查、培训课程设计、培训过程管理以及培训效果评估体系，确保城市管理执法队伍的培训工作真正服务于队伍整体的组织建设。鼓励基层队伍组织开展丰富多彩的党组织生活、文艺活动、素质拓展活动、社会公益活动等，进一步增强队伍的凝聚力、向心力和战斗力。

在激励机制建设方面，一方面，可以在现有的公务管理职级序列内，增加相应的职业资格等级来增加晋升机会，建立类似警察警衔和海关关员关衔的资格等级制度，并与薪酬和福利制度挂钩，拓展执法人员的晋升空间，激励执法队员主动提升自身的综合业务能力及素质；另一方面，可结合目前的改革内容，设置若干试点和示范项目，对重点领域的突破创新案例与实践，给予物质性和非物质性的奖励，激发基层城市管理执法队员的创新创业创优热情，以点带面，提高队伍的整体政治素养，改进工作作风，严明规章纪律。

当前及今后一个时期，城市管理执法工作将在我国城市治理体系和执法体制的深刻变革中展开，城市管理系统的工作者应当勇担改革的历史使命，既清晰认识和自觉适应这种变革，又积极参与、主动引领这种改革变局，使之成为促进自身发展的必要条件，在营造城市管理执法的良好外部环境的同时，严格执法队伍的管理，"内外兼修"地打造政治坚定、作风优良、执法规范、纪律严明、廉洁务实的执法队伍。

（宋如亚）

统一城市管理执法制式服装和标志标识

　　制式服装是行政执法人员身份和执法的重要标志，体现法律的尊严和政府的权威。近年来，各地对城市管理执法人员统一着装的呼声始终很高，但是由于多种原因，这一问题始终没有得到有效解决。各地各自为政，城市管理执法制式服装设计五花八门，使用管理缺乏规范，饱受社会质疑。针对这个问题，《指导意见》提出，根据执法工作需要，统一制式服装和标志标识，到2017年年底，实现执法制式服装和标志标识统一。城市管理执法队伍也成为自1986年以来，首支经党中央、国务院批准统一着装的行政执法队伍，意义十分重大。

一、统一城市管理执法制式服装和
标志标识是城市管理执法工作的现实需要

　　改革开放以来，伴随着城市的发展，城市管理执法工作经历了一个探索前行和改革创新的发展历程，在改善城市环境面貌、提高城市发展质量、促进社会和谐稳定、推进依法治国等方面做出了重要贡献，已经成为城市人民政府进行城市管理的重要内容。据统计，全国3191个县级以上地方政府中，3074个设立了专门的城市管理执法机构，城市管理执法队伍规模逐步扩大。截至2015年2月，全国县级以上地方政府城市管理执法机构中，城市管理执法人员数量达45.5万人。其中，在编人员23.4万人，辅助人员22.1万人。自1996年，我国推行相对集中行政处罚权以来，各地城市管理执法职责范围不断扩大，已经从最初的以市容环境管理方面的行政处罚权为主扩展到如今的27大类、908项。可以说，在所有的行政执法队伍中，城市管理执法队伍与人民群众的接触最为广泛，联系最为紧密。正是由于这些特点，城市管理执法人员统一着装十分必要。在执法过程中，执法人员需要面对社会上形形色色的各类人群，既有原来就居住在城区的居民，也有城乡接合部、城中村刚刚转化成市民的农民，还有大量进城务工的外来流动人口，成分十分混杂，素质参差不齐。许多人对城市管理方面的法律法规了解不多、认识不到位，对城市管理执法工作不认同、不接受，甚至存在抵触情绪。统一规范的制式服装和标志标识是公权力的象征，体现法律威严。城市管理执法人员统一着装，有利于形象直观地表明执法人员身份，获得市民的认同和信任，在无形中拉近距离、增进理解。在执法现场，穿着制服的执法人员容易区别于一般市民和违法当事人，既对违法当事人形成警示和威慑力，减少执法阻力，降低执法成本，也有利于倾听群众的呼声和意见，宣传相关法律、法规、规章和政策，更好地做好解释、说服、教育和劝导工作，还有利于及时接受群众投诉，快速查处各类违法行为，最大限度地维护城市秩序和市民合法权益。

二、统一城市管理执法制式服装和
标志标识是城市管理执法队伍规范化建设的重要内容

随着时代的发展、社会的进步，规范统一着装已成为单位、企业树立自身形象、增强团结意识、激发爱岗热情、强化服务意识、区分其他行业的一种有效手段。对于城市管理部门而言，良好的外部形象既是宝贵的无形资产，也是内部管理和对外履职的重要保障。军队用军旗、军装、军衔、肩章等鲜明的视觉形象来彰显军队的理念和精神，以达到严明纪律、增强战斗力的目的；警察统一着装，在于提高对违法犯罪分子的威慑力，有利于维护社会治安；铁路、民航、银行等生产经营单位统一着装，意在提升企业形象和员工自豪感，提升服务的品牌效应。同样，城市管理执法人员代表城市政府行使城市管理行政执法职责，其着装行为和着装风纪，直接体现党和政府在人民群众中的形象。城市管理执法人员统一着装，不仅有利于在执法工作中更加有效地行使职责，更有利于提高城市管理执法队伍规范化管理水平，提升部门形象。一方面，城市管理执法人员统一着装，队伍整齐、队容严整，容易形成良好的心理暗示，给人以威武之师的感觉，既可以促使执法人员的言行举止更加严谨，行为更加庄重，更可以促进集体荣誉感和自豪感的形成，提高执法人员的责任意识、使命意识和团队合作意识，增强执法队伍的凝聚力和向心力。另一方面，城市管理执法人员统一着装，便于实行半军事化管理，培养良好的执法作风和意志品质，做到有令必行、令行禁止，提高城市管理执法水平和执法效能。同时，还有利于城市管理执法人员主动接受群众监督。城市管理执法人员每天活跃在城市的大街小巷，一言一行、一举一动都在市民眼皮底下。城市管理执法人员统一着装，可以方便市民辨认，便于对执法行为、过程以及执法人员的违法违规违纪行为进行监督，促进执法人员依法文明公正规范执法。对于城市管理部门而言，规范统一制式服装和标志标识，对内可以增强执法人员对城市管理部门的忠诚度和归属感，使执法人员更加热爱自己的本职工作，从而提升城市管理部门整体形象，对外可以展示城市管理部门的良好工作秩序和规范化管理水平，提高城市管理部门在广大人民群众中的影响力和号召力。

三、统一城市管理执法制式服装和
标志标识是重塑城市管理执法队伍形象的重要举措

　　近年来，各地因城市管理执法行为不规范、暴力执法等问题而造成的群体性事件屡见报端，"城管"成为各类新闻媒体追逐的焦点话题，使城市管理队伍形象受到严重影响。2013年5月，中国社会科学院发布的《形象危机应对研究报告2013—2014》蓝皮书称，群众认为"城管"是最差的形象群体，其主要表现是"暴力执法"和"作风粗暴"，在互联网上更是出现了对"城管"的"妖魔化"。部分网民缺乏对城市管理执法冲突事件真相的深入了解，就对整个城市管理执法队伍横加指责，甚至将社会生活中的其他矛盾延伸到城市管理执法领域，使城市管理执法队伍成了复杂社会矛盾的宣泄口和替罪羊。这些乱象和问题的背后，既有城市管理和执法体制不顺、城市管理执法制度不健全的原因，也有各地城市管理执法队伍建设水平不高、管理不严的因素。其中，各地城市管理执法队伍制式服装和标志标识不统一、使用管理混乱也是导致城市管理执法队伍形象不佳、城市管理执法权威性饱受质疑的重要因素。改革开放以来，国务院三令五申，要求加强制式服装管理。1986年4月，国务院办公厅下发《关于整顿统一着装的通知》，要求各地整顿着装范围，严格控制着装供应标准，加强对统一着装的管理。除文件规定的人民武装警察部队、公安机关、国家安全部门、司法行政部门、法院系统、检察院系统等14个部门外，其他人员一律不得着装。2003年，国务院办公厅再次下发《关于整顿统一着装的通知》，强调统一着装的批准权在国务院，重申了1986年批准统一着装的14个部门，并要求各地对统一着装问题进行全面整顿和清理。城市管理执法队伍的统一问题就是在这一大背景下产生的。虽然20世纪80年代，作为城市管理执法队伍的前身的城建监察队伍没有列入1986年统一着装的范围，但是出于执法工作和队伍管理需要，原建设部于1995年出台了《城建监察队伍标志和装备规定》，要求"由地方人民政府确定是否统一着标志服，标志服由建设部统一样式，并负责监制"。2003年以后，随着相对集中行政处罚权的推行和综合执法试点的开展，城市管理执法体制进入了改革的快车道，但由于国家和省级层面没有专门的主管部门，城市管理执法队伍管理方面的制度建设相对滞后，报请国务院批准统一着装的问题始终无法解决。各地只能根据实际需要，自行决定城市管理执法队伍着装问题，从而导致了各地城市管理执法服装设计五花八门，使用管理缺乏规范。此次，《指导意见》明确提出，统一制式服装和标志标识，正是对城市管理执法队伍统一着装的必要性和重要性的充分肯定，也是重塑城市管理执法队伍形象的重要举措。

同时，统一城市管理执法制式服装和标志标识也不会增加地方财政负担。一方面，各地财政收入状况与20世纪80年代相比已经不可同日而语，绝大多数城市已经将城市管理执法人员的制式服装经费纳入了同级财政预算。另一方面，《指导意见》要求推行城市管理领域大部门制改革和综合执法，并完善执法制度，加强队伍管理。通过改革既减少了穿着制式服装的部门和人员数量，也会严格控制穿着制式服装的人员范围和着装标准，不断提高城市管理执法队伍着装规范化和标准化水平。下一步，住房城乡建设部将会同有关部门，制定统一城市管理执法制式服装和标志标识的工作方案，报国务院批准后执行，并于2017年年底前，完成对各地城市管理执法制式服装和标志标识的清理和统一工作。

（张　斌）

加强城市管理人才培养

　　人才是国家强盛的基础，是事业发展的根本。深入推进城市执法体制改革，改进城市管理工作，关键也在人才。《指导意见》对加强城市管理和执法人才队伍建设提出了明确要求，并部署了一系列具体改革任务。我们必须站在改革全局的高度，深刻认识人才队伍建设的基础性和决定性作用，认真落实《指导意见》提出的各项任务，努力培养造就一支作风优良、结构合理、素质过硬的城市管理和执法人才队伍。

一、严格实行执法人员持证上岗和资格管理制度

　　《中共中央关于全面推进依法治国若干重大问题的决定》明确要求，严格实行行政执法人员持证上岗和资格管理制度，未经执法资格考试合格，不得授予执法资格，不得从事执法活动。而早在1996年4月，《国务院关于贯彻实施〈中华人民共和国行政处罚法〉的通知》就要求，"加强执法人员的资格、证件和着装管理，停止合同工、临时工从事行政处罚工作。"2004年3月，国务院发布的《全面推进依法行政实施纲要》进一步规定，"实行行政执法人员资格制度，没有取得执法资格的不得从事行政执法工作。"2005年7月，国务院办公厅印发的《关于推行行政执法责任制的若干意见》提出，"对各行政执法部门的执法人员，要结合其任职岗位的具体职权进行上岗培训；经考试合格具备行政执法资格的，方可按照有关规定发放行政执法证件。"行政执法人员资格是指行政执法人员从事行政执法活动应当具备的条件，是行政执法人员从事行政执法活动的前提和基础。政府法制机构或行政执法部门应当对所

属行政执法人员从事执法活动的客观条件或权力能力予以确认。需要指出的是，行政执法部门的工作人员、取得行政执法资格的人员和行政执法人员是三个不同的概念。一般而言，取得行政执法资格的人员数量少于本部门的工作人员，行政执法人员数量少于本部门取得行政执法资格的人员，并非所有取得行政执法资格的人员都是行政执法人员。确立行政执法人员资格制度的目的就是为了通过设立执法准入门槛，增强行政执法的严肃性，规范行政执法行为，提高执法水平和质量，最终达到依法行政的目的。

近年来，各地都在积极探索城市管理执法人员持证上岗和资格管理制度，在规范行政执法行为、促进行政执法队伍建设方面发挥了重要作用。但是，由于各地城市管理执法人员数量普遍较少，远远不能满足实际执法工作需要，合同工、临时工参与执法的现象比较普遍，随之而来的乱作为、乱执法、乱处罚甚至权钱交易、恃强凌弱等问题时有发生，严重影响了城市管理执法的公信力，饱受社会诟病。因此，各地应当从完善持证上岗和执法人员资格管理制度入手，对城市管理执法人员进行一次全面清理，严格禁止无行政执法资格的人员履行城市管理执法职责。凡被聘用履行行政执法职责的合同工、临时工，要坚决调离行政执法岗位，并收回其行政执法证件。同时，还要明确、细化城市管理执法人员的资格条件、资格确认程序、文明执法规范、执法证件管理和执法监督管理等制度，加强业务培训和执法资格管理，实现城市管理执法人员资格管理制度化、规范化。考虑到这项工作涉及面广、人数众多、情况复杂，《指导意见》提出，到2017年年底，完成全国城市管理领域处级以上干部轮训和持证上岗工作。

二、建立符合职业特点的职务晋升和交流制度

城市管理执法虽然属于行政执法，但又与一般的行政执法工作有所不同，有其鲜明的行业特点。一是执法内容不同。一般的行政执法工作

都是涉及某一个领域，执法范围、专业要求相对单一，而城市管理执法属于跨领域综合执法，执法范围广、专业要求高，城市管理执法人员必须全面掌握多个领域的执法事项所要求的专业知识和执法技能，为此付出的时间和精力比一般的行政执法人员要多。二是执法时间不同。一般的行政执法单位大多是8小时工作制，加班情况并不普遍。而对于城市管理执法人员来说，加班工作是常态。越是节假日、越是重大活动期间，城市管理执法人员越要加班加点，甚至全员坚守工作岗位，连续值班执勤。三是工作环境不同。一般的行政执法工作环境相对固定，而城市管理执法基本都是户外工作，需要不间断的巡查执勤，随时处置各类违法行为，特别是遇到重大活动和突发事件，更是必须坚守岗位。这些不同，都要求城市管理执法人员的管理体制、人事制度与一般行政执法人员、一般公务员有所区别。此外，城市管理执法队伍普遍面临基数大、职数少、晋升难等问题，少数地方还以保持队伍稳定为由，通过不合理的人事管理政策限制人员流动。这些制度规定，既不能充分体现城市管理执法的职业特点，也不能保障执法人员的合法权益，不利于队伍建设的长远发展。

为此，《指导意见》明确提出，"建立符合职业特点的职务晋升和交流制度，切实解决基层执法队伍基数大、职数少的问题，确保部门之间相对平衡、职业发展机会平等。"落实这一要求，应当从三个方面健全制度机制。一要加快建立符合城市管理队伍职业特点的职业晋升制度。比如，探索城市管理执法人员分类管理制度，按照职位类别和职务序列实行分类管理，合理确定执法人员职务层次，科学设置职务职数比例，实行职务与职级并行制度。二要注重从其他部门选拔优秀人才到城市管理部门工作。通过后备干部任前锻炼、轮岗交流等形式，把其他部门那些党性观念强、法律素养高、热爱城市管理工作、善于沟通协调的同志交流到城市管理部门工作。三要推动优秀城市管理干部到其他部门任职。要有计划地选派优秀城市管理干部到其他部门培养锻炼，帮助他们加深对社情民意的了解，增强对城市管理的认识，提高解决复杂问题的能力和水平，进而打造与城市管理需求相匹配的城市管理干部队伍。

三、完善基层执法人员工资政策，提高风险保障水平

长期以来，由于基层城市管理执法工作条件艰苦、社会不认同，执法人员普遍缺乏职业荣誉感，造成了不少懂法律、懂业务的骨干力量和优秀干部流失。加之缺少相关政策规定，其工资收入与劳动付出不成正比，配套的津补贴也无法落实，这在很大程度上影响了执法队员的工作积极性，不利于队伍的长期稳定。相比之下，司法机关在保障一线执法人员的工资待遇和福利保障方面出台了一系列政策措施，对加强队伍建设、提高队伍建设水平发挥了重要作用。人社部、财政部《关于执行人民警察值勤岗位津贴有关问题的通知》（国人部发〔2006〕81号）规定，县（市）级人民政府所属公安、安全机关和直辖市公安、安全分局，县（市）级人民法院、人民检察院，以及监所、监狱、劳教所监区（大队）以下单位的人民警察值勤时，值勤岗位津贴标准为每人每天10元；市（地）级的，值勤岗位津贴标准为每人每天8元；省级（含直辖市本级，下同）及以上的，值勤岗位津贴标准为每人每天6元。人社部、财政部《关于人民警察法定工作日之外发放加班补贴的通知》（人社部发〔2009〕184号）规定，人民警察法定工作日职务加班补贴的标准，正常休息日每加班1天80元，法定节假日每加班1天100元。人社部、财政部《关于调整人民法院办案人员岗位津贴标准的通知》（人社部发〔2011〕17号）规定，人民法院办案人员岗位津贴标准调整为，最高人民法院办案人员每人每月220元，地方各级人民法院办案人员每人每月240元。人社部、财政部《关于调整人民检察院办案人员岗位津贴标准的通知》（人社部发〔2011〕18号）规定，人民检察院办案人员岗位津贴标准调整为，最高人民检察院办案人员每人每月220元，地方各级人民检察院

办案人员每人每月240元。这些经验值得借鉴。

因此,《指导意见》提出,"完善基层执法人员工资政策。研究通过工伤保险、抚恤等政策提高风险保障水平"。一是完善城市管理人员工资政策,建立符合职业特点的工资待遇保障体系。比如,参照公检法等司法机关做法,探索建立城市管理执法人员职级津贴或岗位津贴、加班补贴制度,重点向基层执法一线倾斜,提高城市管理执法人员的福利待遇。二是完善工伤保险、抚恤等政策,建立健全人身意外伤害保障等职业风险保障制度,着力解决基层一线城市管理执法队员职业风险保障不到位等问题。三是建立城市管理执法人员表彰奖励制度,对在城市管理执法工作中成绩优异、表现突出的个人和单位进行表彰奖励,提高城市管理执法人员的职业荣誉感。

四、构建开放的城市管理人才培养体系

我国城市管理学科起步相对较晚。"城市管理"本科专业属于教育部1998年颁布的"普通高等学校本科专业目录和专业介绍"以外的专业,直到2012年教育部新修订的"普通高等学校本科专业目录和专业介绍",才正式将城市管理纳入目录内。2001年以来,北京大学、苏州大学等高等院校经教育部批准(或备案)率先设置了城市管理专业;北京理工大学在国内第一个被批准建立城市管理的硕士学科;浙江大学、湖南大学、华东理工大学等先后设立了城市管理学院,中南财经政法大学、东北师范大学设立了城市管理系。目前,全国设有城市管理专业的教育部直属高校有7家,地方院校21家,还有部分高校从经济管理、城市资源与环境、公共管理等学科领域,分别设置了公共政策与城市管理的相关专业。10多年来,我国城市管理学科规模在实践历程中不断壮大,但学科定位不够明确、理论研究不足、教学与实践不紧密等问题逐渐显露。因此,应完善符合城市管理需要的复合型人才培养教学体系,明确城市管理学科目标定位,统筹规划城市管理专业设置,加强学科间

的交流与合作，进一步扩大招生规模，为满足城市管理需求培养更多专业人才。同时，还应加强与之配套的科研项目基金扶持力度，创办具有权威性、影响力的城市管理领域学术刊物，定期举办学科专业领域的学术会议。此外，各地要创新人才培养模式，以党校、行政学院、高等学校和社会培训机构为依托，充分利用其师资力量、学科专业、教学组织、场地设施等优势，建立相对稳定的培训基地，开展在职培训、继续教育；结合培训实践活动，研究制定规范配套的培训制度，努力拓宽人才教育培训渠道。

（曾应刚）

规范城市管理执法协管队伍

　　城市管理执法协管队伍是当前城市管理工作中的重要力量，在协助城市管理执法人员维护城市秩序等方面发挥了积极作用。但是，受招录随意、管理粗放、保障缺失、待遇较低等因素影响，这支队伍也存在着不少问题，影响了城市管理执法队伍形象。《指导意见》高度重视城市管理执法队伍建设，对此作出了专门部署，其中强调要规范协管队伍，并提出了制度化措施。

　　之所以要规范城市管理执法协管队伍，主要有以下几点原因：

　　一是为了规范城市管理执法队伍的设置。目前，各地城市管理执法队伍构成人员身份编制多样，其中通过招聘和劳务派遣形式使用的协管人员占有很大比例。由于对于协管人员的规模、在执法队伍中的比例等没有统一规定和明确标准，各地使用协管人员带有很大随意性。有的地方协管人员比编制内执法人员还多，一些基层城市管理执法队伍中，协管人员甚至是行政编制执法人员的几倍。这既降低了执法队伍的权威性，也加大了政府行政执法成本。规范城市管理执法协管队伍，可减少队伍设置的随意性。

　　二是为了提高城市管理执法队伍的素质。由于对协管人员的招录条件、标准和程序缺乏统一明确的规定，管理制度不健全，各地城市管理执法协管人员的素质参差不齐，影响执法效果和执法队伍形象。从人员"入口"、日常管理等环节加强协管人员管理，可提高城市管理执法队伍的整体素质，强化执法效能。

　　三是为了强化城市管理执法行为的规范性。我国城市管理执法协管人员数量庞大，待遇不高，辛苦工作在城市管理工作的第一线，为协助维护城市秩序、促进城市发展做出了重要贡献。但是，不可否认，也有少数执法人员素质不高，在协助执法中越权妄为，甚至违规违法、以权谋私，成为"害群之马"，不仅严重影响城市管理执法队伍形象，而且引发执法人员与行政相对人的冲突。规范城市管理执法协管队伍就是要通过制定和实施相应制度，加强对协管队伍履职行为的制约和监督，界定协管人员的职责，从而强化执法队伍履职行为的规范性。

《指导意见》提出了规范城市管理执法协管队伍的政策措施，概括以来，主要有以下几个方面：

一、根据工作实际合理配置城市管理执法协管人员，严格控制协管人员数量

据统计，全国设置城市管理执法机构的3074个县级以上政府中，在编城市管理执法人员仅为23.4万人，占全国城镇人口的万分之三点一九，远低于警察（城乡总人口的万分之十四左右）的配备比例，难以满足实际执法工作的需要，城市管理协管人员与在编城市管理执法人员的比例约为1：1。在城市飞速发展的大环境下，城市管理执法机关要应对城市与日俱增的公共管理和公共服务需求，但受制于传统公务员、事业编制的总量限制，编制内执法人员数量有限，难以适应城市管理执法工作需求。各地普遍通过招用或劳务派遣等形式配置一定数量的城市管理执法协管人员，补充城市管理执法力量不足。在当前一段时期，城市管理执法协管人员仍然是城市管理执法力量的重要补充。但是也要看到，行政处罚、行政强制等具体执法工作，必须由在编执法人员实施开展。过多配置、依赖协管人员，甚至让协管人员代为行使在编执法人员职责不仅不利于工作正常开展，更容易引发执法冲突，影响社会稳定。因此，城市管理执法部门应当从工作实际出发，合理配置、使用城市管理执法协管人员。坚持适度配置，充分考虑执法岗位人员配备、行政执

法效率、区域经济社会发展差异及本级财政支付能力等因素；坚持严控外聘，招录、聘用辅助人员应当报同级人民政府批准，可以采用政府购买服务方式进行行政事务外包服务的，行政执法机关不得招录聘用制辅助人员。针对一些地方使用协管人员过多、过于随意的问题，为防止协管人员规模无限膨胀，要设定聘用协管人员数量的上限，即最多不得超过在编执法人员数量。同时，要随着城市管理执法体制改革的推进，逐步减少协管人员的数量。

二、建立健全协管人员招聘、管理、奖惩、退出制度

目前，现有的城市管理执法协管人员部分由"4050"人员、待业青年及社会闲杂人员构成，整体素质与现代城市管理的需要仍有较大差距。规范协管队伍，提高协管人员素质，要从招录工作入手，逐步推动协管队伍建设法治化、规范化。按照"谁聘用、谁管理、谁负责"的原则，城市管理执法部门及地方政府必须严把招录关口，建立健全协管人员招聘制度，明确聘用协管人员的资格条件、程序、标准、岗位，确保协管人员的素质和能力符合岗位要求，实行公开招聘。通过采取入职协管人员试用期制度，严格考察新入职人员思想品德及业务素质，试用期满后决定是否正式聘用。从入口严控，严格肃清协管队伍中的"两劳"人员、违规违法人员，重点加强协管队伍的作风建设。协管人员应当实行实名制管理，工作服装及标识应当在颜色、制式上与行政执法人员着装及标志标识有明显区别，严禁协管人员穿着执法人员服装或使用行政执法证件、专用标志标识从事辅助执法活动。城市管理工作直接面对多元复杂的社会群体，劳动强度大，因此，要建立健全相应的奖励制度，通过合理的奖惩措施，激励协管人员努力工作、尽职尽责，提高协管队伍的稳定性和工作效率。努力提高协管队伍的综合素质，将协管员的培训纳入工作制度，做好入职培训，采取定期和不定期培训相结合的办法，提高协管人员的法律素质和业务素质。同时加强对城市协管人员的

监督考核，将工作成效与工资奖金挂钩，定期考核，出现考核不合格、超越辅助权限、违反工作纪律、受到刑事处罚等情形，应综合考量予以清退，防止懒散无为或者胡乱作为现象的发生。

三、严格限定协管人员工作权限及责任

按照我国法律规定，只有行政编制执法人员才能行使执法权，协管人员无资格行使执法权。因此，要严格限定协管人员的职责范围，明确协管人员只能配合执法人员从事宣传教育、巡查、信息收集、违法行为劝阻等辅助性事务，而不得从事具体行政执法工作。任何层级的政府、单位聘请的城市管理协管人员都应当在正式人员的带领下开展执法辅助工作。涉及履行调查询问、告知权利等执法程序以及代表行政机关行使行政权力签发各种通知类、告知类、决定类、送达类文书等工作必须由行政执法人员完成。网格巡防人员可以单独开展巡防事务，但必须在行政执法人员带领下进入生产经营场所、个人房屋院落，其他辅助人员必须在行政执法人员带领下开展相关辅助工作。协管人员因履职行为形成的后续责任，明确由本级城市管理部门承担。进一步建立健全用人单位、正式人员与协管人员三方的责任连带机制，使城市管理协管人员的行为可控、可管、可预测，真正成为当前城市管理工作中促进城市良性运行的重要辅助力量。

（王满传、高　扬）

提高执法水平

推行城市管理和执法权责清单制度

推行城市管理和执法权责清单制度，是厘清城市管理部门权责的重要举措，是规范政府公权力的一场深刻的自我革命。《指导意见》提出，全面清理调整现有城市管理和综合执法职责，优化权力运行流程。依法建立城市管理和综合执法部门的权力和责任清单，向社会公开职能职责、执法依据、处罚标准、运行流程、监督途径和问责机制。制定责任清单与权力清单工作要统筹推进，并实行动态管理和调整。对此，我们应当从以下几个方面把握。

一、准确理解城市管理和执法权责清单制度的内涵

近年来，党中央、国务院反复强调推行政府权力清单制度。党的十八大提出，深化行政审批制度改革，继续简政放权，推动政府职能向创造良好发展环境、提供优质公共服务、维护社会公平正义转变。《中共中央国务院关于地方政府职能转变和机构改革的意见》（中发〔2013〕9号）提出，梳理各级政府部门行政职权，公布权责清单。2013年11月，党的十八届三中全会提出，推行地方各级政府及其工作部门权力清单制度，依法公开权力运行流程。2014年10月，党的十八届四中全会提出，依法全面履行政府职能，推进机构、职能、权限、程序、责任法定化，推行政府权力清单制度。2014年9月，李克强总理在第八届夏季达沃斯论坛上提出，要加快体制创新步伐。创新不单是技术创新，更包括体制机制创新、管理创新、模式创新。按照"法无授权不可为"、"法无禁止皆可为"、"法定职责必须为"的原则，拿出"权力清单"，

讲清政府应该干什么；给出"负面清单"，指明企业不能做什么；理出"责任清单"，维护公平竞争的市场环境。这是对"负面清单、权力清单、责任清单"意义、作用和三者之间关系的全面阐释。2015年3月，中共中央办公厅、国务院办公厅印发《关于推行地方各级政府工作部门权力清单制度的指导意见》，要求限期公布相关权力清单。

城市管理和执法权责清单制度是地方各级政府工作部门权责清单制度的重要组成部分，主要包括权力清单制度和相应责任清单制度。其中，城市管理和执法权力清单制度是指，按照"法无授权不可为"的原则，全面梳理掌握的公共权力，明确权力设定的法律依据、权力实施的主体、权力运行的流程、接受社会监督的方式等，以清单形式明确列示出来，向社会公布，接受社会监督的制度。城市管理和执法责任清单制度是指，按照"法定职责必须为"的原则，围绕与城市管理和执法密切相关的事项，厘清职责事项，明确职责边界，规范职责履行程序等，以清单形式明确列示出来，向社会公布，接受社会监督的制度。

二、充分认识推行城市管理和执法权责清单制度的重要意义

推行权责清单制度，是党中央、国务院部署的重要改革任务，是国家治理体系和治理能力现代化建设的重要举措，对于深化行政体制改革，建设法治政府、创新政府、廉洁政府具有重要意义。城市管理部门作为直接面对公民、法人和其他组织行使行政职权的重要政府部门，推行权责清单制度有助于进一步厘清职责边界，规范执法行为，提升政府形象，深化体制改革，从而进一步提高城市管理和服务水平。

（一）推行权责清单制度，是城市管理部门依法履职尽责的重要举措

党的十八届四中全会提出，行政机关要坚持法定职责必须为、法无授权不可为。行政机关不得法外设定权力，没有法律法规依据不得作出减损公民、法人和其他组织合法权益或者增加其义务的决定。

自1997年北京市宣武区成立全国第一支城市管理执法队伍，城市管

理部门的权责依照法律法规授权、随着政府职能划转不断变化。在依法履职尽责的过程中，城市管理部门面临着职责边界不清晰、与相关政府部门职能衔接环节较多、职权交叉等问题。推行权责清单制度，能够系统梳理城市管理部门的各项行政职权及其依据、行使主体、运行流程、对应的责任，能够从制度上推动解决事权不明确、责任不清晰等问题，倒逼城市管理部门依法用好、用足权力，能够帮助执法人员理清职责脉络，明晰职责边界，规范权力运行，压实责任归属，从而推动城市管理部门依法履职尽责，维护公民、法人和其他组织合法权益。

（二）推行权责清单制度，是深化城市执法体制改革的重要保障

《指导意见》首次对推进城市执法体制改革，改进城市管理工作进行全面部署，提出构建权责明晰、服务为先、管理优化、执法规范、安全有序的城市管理体制。推行权责清单制度作为其中的重要改革任务，是坚持权责一致原则的具体体现，是落实权责明晰要求的重要保障。

推行权责清单制度，正是通过全面清理和调整职权，明确城市管理和执法职责边界,规范履职尽责流程，推动实现城市管理横有分工、纵有层级、权责明确、边界清晰、衔接有序、传导有效的工作目标，为执法重心和执法力量向市县下移，推进城市管理领域大部门制改革提供制度保障，为强化队伍建设、提高执法水平提供制度依据。

（三）推行权责清单制度，是城市管理部门严格规范公正文明执法的重要依据

党的十八届四中全会提出，要坚持严格规范公正文明执法。依法惩处各类违法行为，加大关系群众切身利益的重点领域执法力度。

严格执法，就是要做到有法必依、执法必严、违法必究，特别是关系群众切身利益的重点领域，要积极依法履职，加大执法力度。推行权责清单制度，为严格执法匡定了权责界线，为执法行为提供了制度支撑。

规范执法，就是要按照严密的执法程序，标准化、精细化的执法流

程开展执法活动。推行权责清单制度，规范了各项权力的履行程序和流程，扎紧了制度的"笼子"，让权力运行更加阳光透明。

公正文明执法，就是要公平公正公开开展执法活动。推行权责清单制度，向社会公布并接受监督，能够让人民群众充分知晓执法依据和流程，有利于赢得理解和支持，推动形成良好的执法环境和舆论氛围。

（四）推行权责清单制度，是强化城市管理部门权力制约和监督的重要途径

城市管理部门管理和执法事项繁杂、涉及面广，长期处在一线，直面人民群众，媒体和社会关注度高。公众对城市管理"管什么"、"怎么管"，对城市管理执法"执什么"、"怎么执"，仍然存在认识上的简单化、表面化、甚至偏颇化，城市管理部门的职责范围、执法依据，依然是公众感兴趣的重要内容。

推行权责清单制度，让权力在阳光下运行，是群众了解城市管理部门的重要方式，是保障公众知情权的具体措施。同时，也有助于倒逼城市管理部门转变管理理念、改善执法作风、优化执法方式，强化"有权必有责，用权受监督"的意识，减少不作为、乱作为等行为的产生，让行政执法在全面深化改革、加快构建适应城市功能和社会发展的治理体系中发挥应有的作用，保证人民赋予的权力始终用来为人民谋利益。

三、全面推进城市管理和执法权责清单制度

《中共中央办公厅　国务院办公厅关于推行地方各级政府工作部门权力清单制度的指导意见》对推行权责清单制度作出了全面部署，明确了目标和任务。《指导意见》对推进城市管理和执法权责清单制度提出了专门要求，明确了具体时限。对此，应当从以下几个方面推进：

（一）明确工作目标

将城市管理部门行使的各项行政职权及其依据、行使主体、运行流

程、对应的责任等，以清单形式明确列示出来，向社会公布，接受社会监督。通过建立权力清单和相应责任清单制度，大力推动简政放权，进一步明确职责权限，理顺管理体制，全面推进依法行政，推动形成边界清晰、分工合理、权责一致、运转高效、依法保障的政府职能体系和科学有效的权力监督、制约、协调机制。到2016年年底，市、县两级城市管理部门要基本完成权力清单和责任清单的制定公布工作。

（二）把握推行权责清单制度的方法步骤

1. 全面梳理和调整行政职权。要针对理清政府与市场、政府与社会的关系，理清政府间纵向层级关系和横向部门关系，推行权责清单制度。可参照行政许可、行政处罚、行政强制、行政检查和其他类别的分类方式，对现有行政职权进行全面梳理，逐项列明设定依据，汇总形成部门行政职权目录。在全面梳理基础上，按照职权法定、有限政府、合理分工等原则，对现有行政职权进行清理、调整。凡是市场机制、社会组织和社会力量能够自我解决的，不应授予政府权力。凡是没有法定依据的行政职权，应及时取消。对同一事项职责不清、重复管理或相互推诿扯皮的，应明确适当的管理主体。

2. 优化权力运行流程。要按照规范运行、技术先进、便民高效、公开透明的要求，建立行政权力运行流程优化制度，整合网上网下，减少办事环节，压缩办理时限，简化办事手续，降低办事成本，实现全程公示，"让数据代替百姓跑路"，进而实现便捷的"一站式"网上服务，并用电子政务系统设定的程序来规范行政权力运行流程，提高权力运行效益，确保权力行使公平公正、依规合法。

3. 公布权责清单。对清理后拟保留的行政职权目录，要依法逐条逐项进行合法性、合理性和必要性审查。经审核后，要按照公开透明的原则，除法定保密事项外，以清单形式将每项职权的名称、编码、类型、依据、行使主体、流程图和监督方式等，及时通过政府网站、报纸、电视等公布。

（三）完善保障制度运行的配套机制

1．建立健全权责清单动态管理机制。清单公布后，要根据法律法规立改废释情况、机构和职能调整情况等，及时对权责清单进行调整，按规定程序确认公布，确保权责清单科学有效、与时俱进。

2．建立健全事中事后监管制度。要建立责任明确、任务清晰、程序规范的事中事后监管制度，力求使监管可操作、可监督、可追溯。要健全违法行政责任追究制度，强化对行政不作为、乱作为的问责，完善问责程序，公开问责过程，明确问责主体和对象，增强行政问责的可操作性。

3．建立健全多元主体共同治理城市的机制。推行权责清单制度与简政放权、转变职能等密不可分，公共服务职能的转移需要市场、社会组织的"接盘"。对于市场机制能够解决的问题，要大力引入市场主体参与城市治理，充分发挥市场机制优胜劣汰的作用。对于社会组织和社会力量能够通过自我服务、自我教育、自我管理、自我协商、自我制约、自我发展解决的问题，应加大培育和支持社会组织的力度，重点培育服务性、公益性、互助性的社会组织。同时，要畅通公众参与城市治理的渠道，扩大公众参与城市治理的方式，真正激发各方参与城市治理的积极性，从而形成多元共治、良性互动的城市治理模式。

（何小雪、董开栋、程海鹏）

规范城市管理执法制度

　　健全的城市管理执法制度是规范城市管理执法行为、提高执法和服务水平的前提和基础。要解决随意执法、粗放执法、执法不公等问题，根本上要通过制度设计加以规范。加强建章立制，科学设置执法制度和程序。按照严格规范公正文明的执法要求，进一步完善执法工作的实体和程序要求，确保各项执法工作有据可依、有章可循。

一、不断完善执法程序

　　严密的执法程序是规范执法的重要前提，也是执法公平公正的重要保障。执法程序规范严密、公开透明，可以最大限度地赢得人民群众对执法工作的理解和支持，最大限度防范执法瑕疵。要牢固树立程序意识，只要程序不合法，执法行为即不合法。要规范执法流程，按照标准化、精细化要求，从容易发生问题的执法环节入手，重点围绕行政处罚、行政强制、行政检查等执法行为，对执法具体环节和有关程序作出具体规定。城市管理领域现场执法行为较多，执法决定往往对当事人的权利产生较大影响，应进一步健全表明身份、说明理由、听取申辩、调查取证、听证、审查决定、送达等执法工作流程，不断规范执法行为、执法语言、执法方式。

二、推行执法办案评议考核制度

　　执法办案评议考核制度则是评价行政执法工作质量，检验行政执法部门和行政执法人员是否正确行使执法职权和全面履行法定义务的重要机制，是行政执法责任制中最关键的环节。评议考核的主要内容是行政执法部门和行政执法人员行使行政执法职权和履行法定义务的情况，包括行政执法的主体资格是否符合规定，行政执法行为是否符合执法权限，适用执法依据是否规范，行政执法程序是否合法，行政执法决定的内容是否适当，行政执法决定的行政复议和行政诉讼结果，案卷质量情况等。评议考核主体要结合不同部门、不同岗位的具体情况和特点，制订评议考核方案，明确评议考核的具体标准。评议考核方式可以采取组织考评、个人自我考评、互查互评相结合的方法，日常评议考核要与年度评议考核衔接。目前的考核主体基本局限于行政机关内部评议，可探索引入第三方评估机构等考核主体，探索评议主体多元化；丰富完善评议内容，统一标准，促进考核更加客观公正，不断深化评议考核工作。

三、完善执法公示制度

行政执法公示制度就是把行政机关的法定职责、执法依据、执法流程、执法标准、办理时限、执法结果及违法责任、社会监督形式等内容全面向社会公开，以规范行政执法行为的制度。行政执法人员在进行行政执法行为时，应当向行政相对人出示其行政执法的证件，向行政相对人说明行政机关执法的原因、依据、行政相对人所享有的权利以及应履行的义务。实践证明，行政执法公示制度对于保证行政机关依法行政，限制行政执法机关的权力范围有着重要的作用。应当切实提高对执法公示制度的认识，完善执法公示事项范围，加强执法公示与政府信息公开等工作的有机结合，不断提高公示工作的广度、深度和信息化水平。

四、健全行政处罚裁量基准制度

滥用自由裁量权，同事不同罚，处罚畸重畸轻，显失公平公正，是当前群众反映强烈的执法问题。要有效杜绝执法不公、随意执法问题的产生，不断提升执法机关的公信力，一个重要环节就是要规范自由裁量权的行使，从制度机制上防止出现"选择性执法"、"倾向性执法"。要科学合理制定裁量基准，在法律法规规定的行政处罚幅度内，根据过罚相当原则，结合经济发展、行政案件发案等情况，细化、量化行政裁量标准，规范裁量范围、种类、幅度，为公正执法提供制度依据。要准确把握适用裁量标准，按照依法、公正、合理原则，综合考虑违法行为的性质、情节、社会危害程度以及执法相对人的悔过态度等情形，依法给予相应处罚，做到该宽则宽、当严则严。积极推行案例指导制度，针对执法过程中容易出现问题的案件种类和执法环节，加强分类指导，正确适用法律法规，确保处罚公平、裁量公正、执法规范。

五、建立执法全过程记录制度

建立健全执法全过程记录制度，就是要充分利用执法办案信息系统、现场执法记录设备、视频监控设施等技术手段，加强对执法台账和法律文书的制作、使用、管理，强化对立案、监督检查、调查取证、行政决定等行政执法活动全过程的跟踪，确保所有执法工作都有据可查。执法的全过程包括执法的各个环节，不限于执法现场，还包括现场执法之外的其他工作环节。执法全过程的载体不限于文字、文书，也不限于视频等形式，关键在于证据的证明力。要做好这项工作，一是与规范行政执法文书制作相结合。行政执法文书是行政机关依法实施行政行为的重要工具和载体，体现了行政执法立案、调查、审理、决定、送达的各个程序。二是与提高行政执法信息化水平相结合。逐步建立行政执法信息化平台，将执法程序、自由裁量、执法文书等方面的具体要求都嵌入到行政执法信息平台中，实现用"程序"规范的模式。三是与完善行政执法程序相结合。要严格按照法定程序行使权力、履行职责。各级执法部门要切实做到流程清楚、要求具体、期限明确。进一步规范当场处罚的行为，充分保障相对人的陈述权和申辩权，慎重使用行政强制措施。四是与强化行政执法监督工作相结合。对规范政府共同行政行为的法律法规，组织力量，定期开展执法检查，及时发现和纠正执法程序中存在的问题；完善重大行政处罚备案制度，充分发挥行政复议的层级监督作用，不断规范行政执法行为。

六、严格执行重大执法决定法制审核制度

对重大执法决定实行法制审核，是强化执法监督、确保执法质量的重要环节，对保障行政执法部门依法履行职责和有效维护公民、法人合法权益有积极作用。严格执行重大执法决定法制审核制度，在做出重大执法决定前要提交本部门法制机构进行合法性审核，未经法制审核或者审核未通过的，不得作出决定。法制审核的主要内容：一是主体是否合法，执法事项是否属于执法机关法定职权范围；二是认定的事实是否清楚、证据是否确凿，证据客观全面，足以证明违法违规事实；三是程序是否正当，是否严格依照法定程序履行执法的立案、调查、取证、告知等行为；四是适用法律是否准确，针对违法违规事实适用的法律条款是否准确；五是裁量幅度是否恰当，按照过罚相当的原则考量裁量权是否得到恰当行使。法制机构应当根据审查情况提出相应的意见建议：对事实不清、证据不足的，建议补充调查；对定性不准、适用法律不当、裁量畸轻畸重的，建议修改；对程序不合法的，建议纠正。有关部门要及时纠正审查中发现的问题，确保行政执法机关依法履行职责，切实提高执法质量和执法水平，维护相对人合法权益。

（伍　佳）

改进城市管理执法方式

近年来，随着城市的快速发展，各地纷纷探索行之有效的城市管理执法方式，城市管理执法工作取得了长足的进步。同时，也必须清醒看到，与城市的运行、人民群众的期待要求相比，城市管理执法工作中还存在着有法不依、执法不严、违法不究等问题，执法不规范、不公正、不文明和不作为、乱作为等问题还时有发生，损害了党和政府形象。执法是城市管理者履行职责的基本方式。改进城市管理执法方式是实现城市管理公平正义的关键举措，是重塑城市管理执法队伍形象的重要途径，是实现法律效果与社会效果相统一的必然要求，势在必行。

一、改进城市管理执法方式，
必须牢固树立为人民管理城市的理念

人民群众是否满意是评价城市管理执法工作的最高标准。在传统的城市管理执法方式下，城市政府往往过于追求整齐划一的市容秩序，强调执法的刚性管控作用，对市民的需求重视不足。个别地方的城市管理执法方式粗放，习惯于突击式、运动式整治，对城市基础设施和公共服务设施的管理重视程度不够，甚至出现了暴力执法、滥用职权等问题，与人民群众的生产生活需要仍有较大差距，亟待改进。

理念是行动的先导，没有正确的城市管理执法理念就不可能有行动上的高度自觉。新形势下，加快形成与城市规模相匹配的城市管理能力，早日实现城市管理执法方式的现代化，成为人民群众对城市管理者的新期待、新要求。因此，必须牢固树立为人民管理城市的理念，并以此为指引，改进城市管理执法方式。

改进城市管理执法方式是城市管理执法机关提升服务和执法水平的集中体现，本质上是以满足市民需求为根本出发点，通过管理与执法工作使城市运行更加高效顺畅。改进城市管理执法方式，要求每一位城市管理执法人员将以民为本根植于脑海，强化宗旨意识，以人民满意为标准，切实解决群众最关心、最直接、最现实的问题，突出服务意识，寓服务于管理和执法之中，力争让城市成为人们追求更加美好生活的有力依托，让人民群众有更多的获得感。如在无照摊贩整治过程中，根据不同区域，设定禁止区、限制区和开放区，分类、分时段进行管理，即对无照摊贩进行有序疏导，又在一定程度满足了市民的需求，还能够有效减少执法冲突，将城市的"面子"和百姓的"肚子"从对立中解脱出来。不断引导广大城市管理执法人员进一步强化程序意识、权限意识和自觉接受监督意识，坚决纠正简单粗暴的传统做法，自觉抵御权力、关系、利益、情绪等各种因素的侵蚀和干扰，努力让市民群众从每一次城市管理执法活动中都能感受到尊重、文明与公平正义，增强市民对城市的认同感、归属感与自豪感。

二、改进城市管理执法方式，
必须始终坚持严格规范公正文明执法

促进城市管理公平正义，促进城市的和谐、稳定与繁荣，是城市管理执法工作的价值追求所在。如果执法不严、执法不公，该罚不罚或者同事不同罚，办关系案、人情案，甚至因执法不当引发群体性事件，城市社会就失去了最起码的公平正义，影响了和谐稳定。党的十八届四中全会明确要求，要坚持严格规范公正文明执法，依法惩处各类违法行为，加大关系群众切身利益的重点领域执法力度，为进一步改进城市管理执法方式指明了方向。

在城市管理执法工作中，坚持严格规范公正文明执法是有机统一的整体，共同服务于促进城市良性运行，满足市民需求。严格是执法的基本要

求，规范是执法的行为准则，公正是执法的价值取向，文明是执法的职业素养。改进城市管理执法方式，要正确处理严格、规范、公正、文明执法的关系，既要坚持以事实为依据、以法律为准绳，严格执法、不枉不纵，坚决维护法律的权威和尊严，又要准确把握社会心态和群众情绪，改进执法方式，理性文明执法，强化实体规范、程序规范，注重语言规范、行为规范，努力做到融法、理、情于一体，坚持以法为据、以理服人、以情感人，积极争取当事人的理解和支持，力求实现法律效果最大化。

坚持严格依法办事，保证有法必依、执法必严、违法必究，是社会主义法治原则的基本要求，也是检验和衡量城市管理执法成效的基本标准。城镇化进程的进一步加快，为城市管理执法工作提出了新标准和高要求。因此，改进城市管理执法方式必须坚持严格规范公正文明执法，依法惩处各类城市管理违法行为。一方面要突出整治重点，积极回应社会关切，紧紧围绕施工扬尘、露天烧烤、占道经营、私搭乱建、餐厨垃圾等关系群众切身利益、群众反映强烈的重点领域违法问题，坚持出实招、出重拳，加大执法力度，坚决遏制违法行为多发高发态势，逐步破解城市痼疾顽症；另一方面要创新治理机制，增强法律执行效果，健全城市管理执法与刑事司法衔接机制，建立信息共享、案情通报、案件移送制度，克服有案不移、有案难移、以罚代管、以罚代刑等现象。要坚持关口前移，加强源头治理，加快城市管理执法工作从突击式、运动式整治到长效管控过渡，不断提升依法查处各类城市管理领域违法行为的能力。

三、改进城市管理执法方式，
必须严格遵循教育与处罚相结合原则

法律的权威源自人民的内心拥护和真诚的信仰。行政处罚能够对违法行为形成有力震慑，是维护社会秩序、促进社会公正的重要手段。但是，单纯依靠刚性的行政处罚，容易造成相对人的恐惧，难以使相对人自觉、主动地遵守法律法规，影响了法律实施的效果。法律的实施有赖

于人的遵守，只有人们发自内心地尊崇、敬畏、支持法律，才能真正发挥法律的价值。在城市管理执法实践中，一些市民特别是新市民在发生违法行为时并非故意所为，而是因对城市管理相关法律法规了解不够所致。如果此时抛开教育宣传作出处罚，势必会产生对立情绪，既影响了法律效果，又弱化了社会效果。因此，改进城市管理执法方式，必须遵循教育与处罚相结合的原则，寓教育于行政执法的全过程，坚决杜绝只教不罚或只罚不教现象，用充满人文关怀的方式化解和处理社会矛盾，通过人性化的纠纷解决机制实现人与人的和谐相处。

遵循教育与处罚相结合原则，要求城市管理执法人员在适用行政处罚时既体现对相对人的惩罚或制裁，又贯彻教育违法相对人自觉守法的精神，实现制裁与教育的双重功能。处罚不应是一个简单的"开罚单"的过程，城市管理执法人员应当在说服教育的基础上实施，通过说服教育，以理服人、以情动人，使相对人认识到自己行为的危害性和承担责任的必然性，从源头上避免违法行为的再次发生。针对较为严重的违法行为，执法人员应当向相对人认真分析其违法行为的事实、情节以及社会危害性，使违法者认清其行为的严重性，促进社会形成自觉抵制违法行为的氛围，最终实现教育公民、纠正违法、防微杜渐的目的。针对不知自身行为触犯法律法规的轻微违法者，应当多做说服沟通工作，加强教育、告诫、引导，使相对人从内心对人性化的执法方式产生感激，促进自我反省，杜绝今后同类问题的发生，起到降低执法成本，提高执法效能的作用。

四、改进城市管理执法方式，
必须灵活运用行政指导等非强制措施

城市管理执法方式是履行城市管理功能、实现城市管理执法目标的重要保障。行政指导等非强制措施是转变政府职能、建设服务型政府的重要内容，是促进执法关系和谐、建设法治政府的重要途径。传统的执法方式过于刚性，城市管理者无须与相对人协商、无须听取其意见，即可单方面做出具体行政行为，执法的强制性较为明显，容易导致相对人的漠视和抗拒，使法律效果大打折扣。

中共中央、国务院《法治政府建设实施纲要（2015—2020年）》中明确提出：要创新行政执法方式，推广运用说服教育、劝导示范、行政指导、行政奖励等非强制性执法手段。近年来，各地更加注重城市管理者与相对人之间的沟通与协调，探索体现人文关怀的执法方式，北京市城市管理执法机关制定了"六单制"（执法事项提示制、轻微问题告诫制、突出问题约见制、管理责任建议制、重大案件回访制、典型案件披露制）工作法，杭州市人民政府印发了《关于全面推行行政指导工作的指导意见》等，成为强制措施的有效补充，为实现法律效果和社会效果的统一与共赢打下了基础。

灵活运用行政指导等非强制性措施，是城市管理执法机关践行教育与处罚相结合原则的具体体现。通过采取行政指导措施，能够有效地引导、影响相对人做出合理的行为选择，增强日常监管的效果，还可以预防潜在妨害市容环境秩序的行为，从而减少强制性方式的使用，节约行政成本与效率，体现了管理、执法向服务的深刻转变，彰显了执法为民的精神内涵，拉近了城市管理执法机关与相对人之间的距离。通过采取行政约见措施，在做出处罚等行政行为前与相对人进行非强制性谈话、座谈，可以有效缓解紧张关系，平等对话，达成共识，防止对抗激化，能够对行政执法起到很好的补充效果，及时防范"一罚了之、一禁了之"造成的矛盾，有效实现执法目标。通过采取行政奖励措施，给予物质、精神等权益，有效调动和激发市民参与城市管理执法工作的积极性和创造性，增强社会治理活力，宣传城市的政策导向和发展方向，使市民或社会组织自觉按照城市管理执法机关的要求，将资源投向城市管理执法工作聚焦的重点领域，以实现城市的良性运行和健康发展。

（高　扬）

完善城市管理执法监督机制

完善城市管理执法监督机制，是指通过体制改革和制度创新，使各类监督主体对城市管理执法工作实行的监察、督导和督促活动更加有效，以保障城市管理执法做到权责明确、服务优先、行为规范、公正文明，切实提高城市管理执法水平。

完善城市管理执法监督机制具有重要的意义。一是作为依法行政的重要保障，可以有力督促城市管理执法部门及其执法人员依法行政，防止其滥用手中的权力，保护公民、法人和其他组织的合法权益。二是作为确保公正、规范、和谐执法的重要途径，有助于提高城市管理执法的公信力，推动城市管理走向城市治理，促进城市运行高效有序。三是作为推动提高执法水平的重要手段，有助于改变在很大程度上存在的城市管理执法被"妖魔化"的状况，树立城市管理执法部门及其执法人员服务便民、廉洁高效的良好社会形象。

当前，我国城市工作的重心已经由大规模开发建设转为建设与管理并重，加强对城市空间资源、公共秩序和运行环境的管理，为居民宜居宜业提供服务保障。现行的城市管理执法监督机制还不适应这样的发展要求，亟待完善。从外部监督机制来看，主要表现在畅通群众监督渠道、行政复议渠道等方面还存在不足，城市管理部门和执法人员主动接受法律监督、行政监督和社会监督的意识不强；从内部监督机制来看，还需要进一步全面落实行政执法责任制，尤其是加强城市管理部门内部流程控制，健全责任追究机制、纠错问责机制，同时，还要坚决排除对执法活动的违规人为干预，防止和克服各种保护主义。

完善城市管理执法监督机制，应当针对当前存在的明显不足和主要问题，从强化外部监督和内部监督机制两个方面进行。《指导意见》提出，强化外部监督机制，畅通群众监督渠道、行政复议渠道，城市管理部门和执法人员要主动接受法律监督、行政监督、社会监督。强化内部监督机制，全面落实行政执法责任制，加强城市管理部门内部流程控制，健全责任追究机制、纠错问责机制，坚决排除对执法活动的违规人为干预，防止和克服各种保护主义。要落实《指导意见》的上述要求，应当做好以下方面的工作：

一、确保各种监督渠道畅通

习近平总书记提出："要坚持以公开促公正、以透明保廉洁。要增强主动公开、主动接受监督的意识，完善机制、创新方式、畅通渠道，依法及时公开执法司法依据、程序、流程、结果和裁判文书。"主动接受监督，这是提升各级城市管理执法部门依法履职能力、加快建设法治政府的必然要求。增强各级城市管理执法部门主动接受监督的意识，既要确保各种监督渠道畅通，也要积极主动营造接受外部监督的土壤和环境，依法履行具有法律约束力的法律文书，切实转变作风，努力改进工作，真正做到为市民服务、为城市服务。

行政复议是促进社会和谐的重要手段，是通过层级监督推进依法行政的重要方式，也是人民群众合理反映诉求和有序参与社会管理的重要渠道。各级城市管理执法部门的行政复议机构要积极借鉴法院系统推行的"立案登记制度"改革经验，积极受理行政复议案件，进一步畅通行政复议渠道。对于"可受可不受"的案件，原则上都要受理，对于确实不属于行政复议受案范围的，要告知申请人解决问题的渠道；恪守为人民服务的宗旨，不断提高办案质量，把复议为民、群众至上的价值理念"内化于心，外化于行"，深入调查了解案情，注重运用调解、和解方式解决纠纷，努力将矛盾化解在初发阶段、化解在基层、化解在当地。

　　行政诉讼是解决行政争议、保护群众合法权益、监督行政机关依法行政的重要法律制度，做好行政应诉工作是行政机关的法定职责。要主动与法院沟通联系，依法积极应诉。被诉行政机关负责人要按照《中华人民共和国行政诉讼法》要求，带头履行出庭应诉职责，确实不能出庭应诉的，应当委托有关工作人员出庭，不得仅委托律师出庭。要配合法院做好开庭审理工作，尊重并自觉履行人民法院作出的生效判决、裁定。

　　群众监督是加强城市管理执法监督的重要内容，要增加人民群众参与城市管理执法监督的途径，倡导以人为本的执法理念。在现实中，有些群众诉求找不到合适的监督渠道，诉求难以得到及时处理，可能导致群众对行政执法的监督逐渐失去信心，因而要畅通群众监督渠道。

　　舆论监督具有群众性、广泛性、公开性、及时性等特点。要让行政执法工作受到良好监督，关键要靠舆论传媒的客观公正报道，要积极引导舆论。在合理引导舆论监督的诸多路径中，加快舆论监督方面的立法是必要的选择，可以以此增强舆论监督的权威性和实效性，有助于形成政府治理的长效机制。当前，媒体对城市管理执法监督也受多种因素的影响，应更加客观公正。

二、全面落实行政执法责任制

　　城市管理部门的行政执法责任制是依据其职能和法律、法规的规定，将城市管理部门对外承担的行政职权以责任形式设定，将各项执法的职责和任务进行分解，明确相关执法机构、执法岗位和执法人员的执法责任，以监督考核为手段，形成行政主体自律、补救和防范等各项制度相协调的一系列制度。

　　实施行政执法责任制是依法行政、公正执法的一项基础性工作，也是城市管理执法部门接受监督的重要载体。推行行政执法责任制，旨在强化执法责任，明确执法程序和执法标准，进一步规范和监督行政执法活动，提高行政执法水平。同时，加强城市管理部门内部流程控制，健全责任追究机制、纠错问责机制，要在行政执法监督过程中将检查机制落到实处，强化执法责任制的实施，从制度上明确规定各项权力的行使和责任的承担，如果执法者有违法、不当或失职行为造成损害后果，必须承担相应责任，如果监督者有违法处理、处理明显失当或拖延不处理等违法失职行为时，也必须承担相应责任。

三、防止违规干预执法和克服各种保护主义

《中国共产党纪律处分条例》第一百一十九条第一款明确规定："党员领导干部违反有关规定干预和插手司法活动、执纪执法活动，向有关地方或者部门打招呼、说情，或者以其他方式对司法活动、执纪执法活动施加影响，情节较轻的，给予严重警告处分；情节较重的，给予撤销党内职务或者留党察看处分；情节严重的，给予开除党籍处分。"在城市管理行政执法中要坚决排除有关部门、领导、工作人员对执法活动的非法干预，决不允许以权压法、徇私枉法，坚决防止和克服地方保护主义、部门保护主义。根据城市管理执法实践，有下列情形之一的，一般认为属于违规干预执法：违规要求城市管理执法机关受理或者不予受理、立案或者不予立案；以各种方式妨碍、阻挠、干扰行政执法机关正常执法办案活动；对案件定性或者实体处理提出干预意见；通过非正当途径和方式直接或间接为涉案主体开脱减轻责任或提出其他不正当处理行为和要求；包庇、袒护和放纵违法行为；违法以会议、集体讨论等推翻或决定行政执法过程及结果。

俗话说，打铁还得自身硬。虽然地方保护主义、部门保护主义来自城市管理执法部门以外，但要抵制和克服保护主义，首先还得从城市管理执法部门自身做起，要把禁止搞地方保护主义和部门保护主义作为一条硬性规定和"高压线"，纳入考核范围。要抵制和克服保护主义，还要加强城市管理执法队伍建设。严格实行执法人员持证上岗、亮证执法，未经执法资格考试合格不得授予执法资格，不得从事执法活动。每

年要有计划、有步骤地开展以端正执法理念、改进执法作风、规范执法行为为主要内容的城市管理文明执法教育活动，定期组织政策法规、业务知识培训，不断提高城市管理执法人员的综合素质和执法水平。建立健全管理制度，实行工作目标管理制度和行政执法责任制度，细化工作职责，量化责任目标和绩效考核评价指标，定岗定责，制订城市管理执法人员执勤管理规定和行政裁量权指导标准，明确执法任务、权限、程序和责任。

（刘　　昕）

完善城市管理

加强市政设施运行管理

现代城市已是地上高楼林立、道桥交错，地下给水排水、燃气、热力、通信等管网密集如织。市政设施作为一个城市的骨架和命脉，承载着各种物质流、能量流和信息流，是城市赖以生存和发展的物质基础。市政设施运行管理不仅关乎一座城市的外在形象，还与区域内居民的生活和工作密切相关，是城市现代化建设和文明程度的重要体现。改革开放以来，我国经历了世界历史上规模最大、速度最快的城镇化进程，城市发展波澜壮阔，取得了举世瞩目的成就，但是我们也注意到，城市管理特别是市政设施运行管理方面还存在着一些问题，大量设施的基础信息尚未共享，形成信息孤岛；规划、建设、管理没能统筹协调，出现"马路拉锁"现象；设施管理责任主体不清，造成推诿扯皮，这些问题严重影响着城市安全稳定运行。

中央城市工作会议明确指出，我国城市发展已经进入新的发展时期，城市工作的重心已经由大规模开发建设逐渐转为对城市空间资源、公共秩序、运行环境的管理以及为城市居民宜居宜业提供服务保障。进入新时期，要开创城市发展新局面，就要求我们直面问题、敢于攻坚，在构建机制、统筹协调、科技创新、社会参与等方面寻求突破，进一步加强市政设施运行管理工作，从而实现城市高效有序运行、市民生活更加美好的目标。

一、全面深化改革，着重机制构建

城市管理是城市规划、建设的末端，规划建设过程中出现的问题，将会反映在管理阶段。加强市政设施运行管理，不能仅仅着眼于管理过程，要着眼源头、提前介入，从规划、建设等前期阶段就及时入手，为管理工作奠定基础。要明确职责范围，强化主体责任，理顺城市管理部门与相关部门之间的关系，着重完善"建设—运营—养护"管理衔接体制，加强市政设施建设运行相关单位之间相互衔接。强化城建档案信息管理，建立健全城市管理参与城市规划、城市建设实施情况的评估反馈机制，变被动管理为主动服务，变末端管理为源头治理。设施运行单位提前介入建设项目，从设计方案论证入手，全程跟踪项目的建设和施工。城市管理部门协助相关部门做好城市市政设施建成后的验收和移交工作，防止出现"规划漏项、建设甩项"问题。及时建立完备的城建档案，建立切实可行的档案移交办法和利用机制，探索将城建档案移交工作纳入工程验收备案环节，健全城建档案科学动态管理体系，避免出现"无档可查"、"有档难查"、"有档不查"的恶性循环。

二、强化开挖管理，着重统筹协调

城市道路是城市的骨架，决定着城市建设的发展轮廓，所以在规划时就应十分慎重，路修到哪里，路灯就亮到哪里，绿化就种到哪里，地下管线就铺设到哪里。城市管理者要改变"重地上、轻地下"传统观念，遵循"先地下、后地上"实施原则，确保市政管线与城市道路同步规划、建设与同步改造。在编制规划时就要注重规划系统性、前瞻性和设计合理性，统筹各专业管线规划编制，把握城市发展趋势，预判新增需求，统筹考虑近期重大项目安排、道路工程实施时序差异。在规划方案阶段充分考虑各种管线建设改造需要，避免完工后的二次开挖。针对地下管线维护需开挖道路的情况，要强化城市道路开挖统筹管理，建立健全以城市道路为核心、地上和地下统筹协调的市政设施管理机制。地下管线综合管理部门应做好各权属单位统筹协调工作，统筹各类管线年度改造计划，加大与道路交通部门协调力度，探索建立"管路互随"工作机制，促进城市道路大修工程计划与地下管线消隐工程计划匹配实施，充分利用道路大修统一落实各类地下管线消隐工程。监管部门要加大对违章开挖的打击、处罚力度，加强对道路开挖方案的审查，优化开挖方案，积极鼓励非开挖管道修复、非开挖施工等新工艺推广使用。主管部门要严格道路开挖管理，建立道路开挖申请公示制度，倾听群众意见，争取理解、接受监督，形成倒逼机制，确保管线与道路同步实施，克服"挖了平、平了挖"的"马路拉锁"现象。

三、坚持科技引领，着重协同创新

随着我国改革开放向纵深推进，互联网精神、智慧城市模式正在改变我们既有的思维方式和组织结构，城市将成为信息社会中重新组织经济的最主要的活动空间。加强市政设施运行管理，就要以智慧城市建设为契机，充分发挥现代信息技术优势，强化大数据管理，推进设施管理数字化、信息化、智能化。充分发挥"互联网+"、物联网等智慧城市技术作用，整合供水、供电、供气、供热、垃圾处理等城市生命线系统的各类监控资源，梳理明确"城市运行体征指标"，建设综合性城市管理数据库，构建实时在线监测体系，实现对市政设施运行的在线监控和指挥调度，提高整体运营效率，使整个城市运行处于可控状态。注重发挥信息平台作用，针对道路开挖工程管理建立挖掘工程地下管线安全防护信息沟通服务平台，在地下管线权属单位和挖掘施工单位间搭建信息沟通平台，从源头避免道路开挖对地下管线安全运行的影响。

加强城市地下综合管廊管理，服务入廊单位生产运行。地下综合管廊是指在城市地下用于集中敷设电力、通信、广播电视、给水排水、热力、燃气等市政管线的公共隧道。建设地下综合管廊，能够统筹各类市政管线规划、建设和管理，解决反复开挖路面、架空线网密集、管线事故频发等问题，有利于保障城市安全、完善城市功能、美化城市景观、促进城市集约高效发展，对正处在城镇化快速发展中的我国特别适合。

考虑我国城镇化实际，在城市新区、各类园区、成片开发区域的新建道路要根据功能需求，同步建设地下综合管廊；在老城区要结合旧城更新、道路改造、河道治理、地下空间开发等，因地制宜、统筹安排地下综合管廊建设。加强地下综合管廊管理，要健全标准规范、完善管理制度、明确入廊要求、坚持有偿使用，做到管廊使用科学、合理、高效、可持续。

市政服务（给水排水、垃圾处理等）具有一定商品属性，加强市政设施管理，就要按照社会化服务、市场化运作、企业化经营的要求，创新引进现代企业管理模式，提高管理效率，最大限度地降低政府管理成本，调动社会参与市政设施运行管理的积极性，解决当前面临的市政设施运行管理力量不足、手段单一、管理粗放、效率不高等问题。城市给水排水、垃圾处理等基础设施是一个城市安全稳定运行的重要"血脉"，提供资源、消纳废物，维持城市"机体"的新陈代谢，与市民日常生活密不可分。针对给水排水、垃圾处理等市政设施运行管理，可以采取委托运营、特许经营等多种形式推向市场，鼓励组建集团化、专业化运营服务企业进行跨区域、连锁式设施运营，提高运行效率，真正做到政事分开、政企分开。同时，分开并不意味着政府不管，给水排水、垃圾处理等是公用事业的重要组成部分，政府是监督这些市政公用设施运行的责任主体。要加强业务培训、环境监测和资金保障，建立设施运营效能考核机制，将设施的稳定、规范运营纳入各级政府责任目标考核体系。还要重视应急工作，制定应对安全生产事故、突发事件和重大自然灾害的应急预案，防止意外事故发生，提高应急处置能力。

四、全面社会动员，着重共同参与

管理一流城市，仅仅有经济、技术和资金支持是不够的，一座城市的长久健康还需要良好的精神支撑。市政设施运行管理具有很强的公共性和公益性特征，市政设施位于市民身边，服务于市民生活，与市民紧密相关，要管好用好，离不开市民的理解、支持和参与。所以，要加强市政设施运行管理，就要调动市民积极性，强化公众参与。

要充分利用多种形式，通过报刊、广播、电视、网络等各种载体，广泛宣传市政设施管理相关法规和技术知识，加强对市民的宣传教育，做到家喻户晓、人人皆知，促使人民群众积极参与到市政设施运行管理中，自觉维护市政设施，形成"城市是我家，管理靠大家"的舆论氛围。针对垃圾处理设施、公厕等市政设施建设、管理过程中存在的"邻避效应"问题进行专题宣传，加强可持续发展思想教育，将相关科学知识纳入中小学教材，从小培养孩子对垃圾处理设施、公厕等市政设施的正确认识，增强社会责任感。坚持协调协同，推动政府、社会、市民同心同向行动，使政府有形之手、市场无形之手、市民勤劳之手同向发力。建立和发展市政设施运行管理志愿者队伍，推广市政设施运行管理服务监督岗，探索建立市民代表驻厂（设施）监督制度，提升市政设施运行透明度，提高市民的城市管理意识、现代文明意识、社会公德意识，充分调动和发挥广大市民支持市政设施运行管理的积极性和自觉性。

（柴文忠、武　斌）

加强城市公共空间管理

目前，我国已经步入城镇化快速发展的中后期，对城镇化的推动由侧重数量规模增加转向注重质量内涵提升。公共空间作为居民日常生活的重要载体，是城镇化质量的重要体现。然而，现阶段我国公共空间的发展存在诸多问题，未来应加强城市公共空间管理，塑造高品质的公共空间，展现城市魅力。

一、加强城市公共空间管理的重要意义

（一）城市公共空间是人类文明进步的象征

城市公共空间的出现代表着人类社会文明的开放和进步。在中国传统社会，城市公共空间比较匮乏。随着现代社会的发展，市民对社会交往有了更高层次的需求，城市公共空间随之发展。

秩序良好、环境优美的城市公共空间有助于增加市民的幸福感，促进市民和谐友好相处，更能反映出城市的历史文化底蕴和现代精神风貌，是城市现代化的重要标志。

（二）城市公共空间是城市空间的重要组成部分

城市公共空间是市民日常生活的重要空间。创新、创意、消费、娱乐等活动会在城市公共空间产生，这些活动将促进城市的多元、包容发展，提升城市活力。在城市规划编制过程中，应当按照均好性的原则，配置总量达标、级配合理、空间分布均匀的公共空间。

（三）城市公共空间代表社会公共权利

城市公共空间的本质是社会共有。城市公共空间的布局和功能应满

足市民的户外活动、交流交往、公众参与等多样性需求；同时还应充分考虑不同社会群体对公共空间的需求。当私有空间侵占并损害公共空间时，应当保护公共空间权益，维护社会公平，推动社会和谐健康发展。

（四）城市公共空间是城市规划建设管理的重点内容

随着城镇化步入快速发展的中后阶段，城市公共空间工作的重心将逐步从前期的规划、建设，转向后期的管理、维护。在当前城市人口数量日益增加、城市用地资源极为有限的条件下，城市公共空间资源显得更加宝贵，这就对城市公共空间的规划建设管理提出了更高的要求。如何使公共空间适应市民高品质的生活追求、适应社会的发展需要，成为政府和社会需要关注的重点问题。

二、加强城市公共空间管理的具体措施

为提升城市公共空间品质，加强城市公共空间管理，应重点做好以下工作：

（一）加强城市公共空间规划，提升城市设计水平

城市公共空间规划应把"以人为本"当作核心原则。但是，当前某些公共空间规划设计，并没有真正做到这一点，而是片面追求形式，盲目追求宏大尺度、视觉效果和奢侈排场，却较少关注使用者的需求度、便利度和舒适度。

应当提升城市设计水平，将"以人为本"作为规划设计宗旨，创造出安全、舒适、健康的公共空间。例如，城市广场的设计要与周边环境相协调、尺度宜人、体现地方特色；城市公园的设计应充分考虑可达性、便捷性等因素，合理安排规模、分布和服务功能；城市街道的设计应加强公共空间连通，并提供舒适的慢行空间。

（二）加强建筑立面管理和色调控制

建筑立面是城市公共空间的"脸面"。建筑的体量、形式、质感、风格、色调以及建筑所形成的天际线，将直接影响到市民对公共空间的

主观感受。

近年来，随城市建设步伐的加快，建筑立面管理问题逐渐显现，突出表现在建筑风格贪大、媚洋、求怪，外立面色彩杂乱无章，与城市环境不协调。严重影响了城市的风貌，降低了公共空间的品质。

建筑立面风格应在尊重自然条件的基础上突出地方特色。建筑立面设计应整洁美观，符合城市环境和市容要求。建筑立面材料应充分利用现代技术，体现节能环保理念。建筑立面的尺度、色调和质感应当具有艺术美感，展现文化底蕴。城市建筑外立面色调要整体协调，同一建筑物外立面颜色不宜过多，且要搭配合理。建筑楼群要做到高低有致，防止一般高，形成优美的城市天际线。

（三）规范报刊亭、公交候车亭等"城市家具"设置

报刊亭、公交候车亭等"城市家具"是连接城市公共空间与市民活动的纽带和媒介，在城市公共空间中承担着提供休憩场所、信息引导、美化环境等功能。

"城市家具"的设计要体现对人的关怀。"城市家具"布置的位置、方式、数量均应考虑人们的需求特点。同时，"城市家具"的设计应体现对弱势群体的尊重，要让所有人在使用时都感到方便、安全、舒适。

"城市家具"的设计要与城市的风貌一脉相承，要与地域文化相吻合，与公共空间中的建筑形式、色彩、空间尺度和人们的生活方式产生共鸣，要将文化性渗透到"公共家具"中，提高城市文化内涵、延伸文脉和场所感。

（四）加强户外广告设置管理

户外广告作为空间传播载体，是现代城市的重要视觉界面，在繁荣经济、美化城市、促进就业等方面发挥着重要作用。

但是，目前户外广告的设置存在显著问题。包括户外广告与城市整体风貌不协调，广告经营商一味地求"高"、求"大"，布局混乱，造成"视觉污染"。户外广告缺乏统一色彩规划，缺乏主体色调，部分格

调媚俗。还有一些巨大广告牌遮挡交通标志和公共指示标志。此外，有些广告设施质量差，构架年久失修，存在安全隐患。

应强化户外广告对城市的美化作用，给城市带来活力和生气。建立户外广告设置的形式、色彩、体量以及安全等方面的规范，确保与城市空间相和谐。同时加强户外广告设置的定期监管，及时发现问题、处理问题。

（五）加强城市街头流浪乞讨人员救助管理

随着我国城市人口流动性的增大，部分城市的街头流浪乞讨现象增多，影响到市容卫生和城市形象。

对于流浪乞讨者，需区别化管理。确有一部分人无力解决生计，暂时被迫以乞讨为生。对于这类人群，需要贯彻落实《城市生活无着的流浪乞讨人员救助管理办法》，加强流浪乞讨人员救助管理，解决流浪乞讨人员的生活困难。

另外有一部分人把乞讨作为一种谋生手段，本着不劳而获的心理就地敛财，甚至组成犯罪团伙，强迫儿童和残疾人行乞。对于这类非正常的乞讨行为，要加大查处力度。对带有组织性质的犯罪团伙，要坚决依法打击。

（六）严查食品无证摊贩、散发张贴小广告、街头非法回收药品、贩卖非法出版物等行为

城市公共空间容易被无证摊贩、散发张贴小广告、街头非法回收药品、贩卖非法出版物等违法行为所占据，产生较严重的交通、环境、卫生等问题，使城市魅力大打折扣。

对于无证摊贩，应加强卫生监管。在本着"不影响交通、不影响市容、方便群众生活"的原则下，对流动摊点采取"统一规划定位，统一经营设施，统一摊点设置，统一经营时间，统一垃圾存放清理"的管理方式。

对于散发张贴小广告、街头非法回收药品、贩卖非法出版物等行

为，应加大打击力度、加强监管。将违法行为与文明和谐创建活动、社会治安综合治理、整顿和规范市场经济秩序和纠正行业不正之风有机结合起来，统一部署，统一行动，统一考评。

（七）及时制止、严肃查处擅自变更建设项目规划设计用途、违规占用公共空间等行为。严厉打击违法用地、违法建设行为

近年来，随意侵占城市道路、绿地、乱停车、乱搭乱建、占道经营，变更公共设施使用用途等行为屡见不鲜，严重干扰了市民对公共空间的使用。应加强对城市公共空间监督管理，做到依法行政，保障公众利益不受侵害。

首先，要完善公共空间的相关立法，明确法律责任。确定公共空间的管理主体，界定权责；编制城市公共空间规划，对特别重要的地区应进一步细化空间内部功能布局、交通组织、服务设施、景观设计等内容；规定城市公共空间使用管理的具体要求，制订相关惩罚措施。

其次，严格执法，对公共空间的违法行为及时制止、严肃查处。对违法者加强教育，责令其消除产生的不良影响，造成经济损失的依法赔偿。

最后，建立广泛的公众参与机制和监督机制。及时公开城市公共空间的相关信息和资料，保证市民的知情权。同时，建立通畅渠道，使政府能够及时地获取对违法行为的监督举报。

（董　珂、解永庆）

优化城市交通要重点推进的工作

城市交通是城市功能的重要组成部分，关系到人民群众的生产生活的需要，是城市健康运行的重要保障。《指导意见》将优化城市交通列为完善城市管理的重要任务之一，具有重要的意义。

一、深刻认识城市交通的复杂性、综合性和系统性

城市交通发展具有复杂性。一方面，我国城市交通具有一定的发展阶段的特殊性，城镇化和城市交通小汽车化进程同步快速发展；另一方面，在土地、能源、生态等外部条件约束下，转变城市交通发展模式，关系到城镇发展模式。

城市交通具有很强的综合性。从国内外大城市的发展经验来看，空间的扩展尤其是摊大饼式的拓展已造成职住失衡越来越严重，空间与交通发展严重不协调；城市活动的组织效率受到交通拥堵、交通系统服务水平的制约。

城市交通具有很强的系统性。城市交通的安全顺畅与否直接影响着城市居民的生活质量和居住环境；多元化的居民活动需要协调处理好各种交通方式之间的关系、明确各种交通方式的功能定位和服务标准，为市民创造良好的交通服务。

二、准确把握城市交通管理现代化的总体要求

《指导意见》指出，城市管理必须坚持以人为本的原则，牢固树立为人民管理城市的理念，强化宗旨意识和服务意识，以群众满意为标

准，切实解决社会各界最关心、最直接、最现实的问题，努力消除各种"城市病"。

要推动城市交通向以人为本、绿色、节能、低碳方向发展。中国的国情确定了中国不能照搬美国式的以小汽车主导的城市交通模式，中国城市应坚定不移地大力发展城市公共交通、步行和自行车交通，引导城市机动化的健康发展，坚定不移地走集约化、绿色交通为主的发展道路。

要真正建立"以人为本"的思想。城市是首先要为人服务，城市交通关注的是人的移动，而不只是车的行驶；要更多关注出行服务的全过程提供，而不只是关注交通设施的供需匹配情况。城市道路不仅是车辆行驶的空间，也是市民活动的场所，不同性质和功能分工的城市道路都需要通过规划设计指引来明确。

要采取综合治理的方式进行城市交通的管理。在治理中重视如何引导居民的出行行为，而不仅仅是满足居民小汽车的出行；重视地区小汽车交通的组织、地区公交服务水平的提升；建立动态的城市交通监测机制，及时根据问题进行交通的精准调控。

三、认真推进优化城市交通的重点任务

（一）制定科学合理的城市交通管理规划和交通管理政策，实施城市交通综合治理，优化城市交通

明确城市交通需求管理政策。从交通需求的源头着手，做好前期规划，将城市交通与城市的活动空间进行高度协调，在满足城市运行的前提下，降低交通需求强度；明确不同区域不同时段不同交通方式的优先级别和合理规模；采取道路路权分配、通行管理、收费管理等多种手段调控各种交通方式的服务。

建立综合治理的交通管理机制，重点实施交通需求调控、公交优先发展、慢行系统管理、交通严格执法、网络系统能力挖潜、智能出行引

导、交通文明强化等任务。

（二）坚持公交优先战略，着力提升城市公共交通服务水平

强化城市总体规划对城市发展建设的综合调控，统筹城市发展布局、功能分区、用地配置和交通发展，倡导公共交通支撑和引导城市发展的规划模式，科学制定城市综合交通规划和公共交通规划。

提高公共交通的便利性和舒适性。科学有序发展城市轨道交通，积极发展大容量地面公共交通，加快调度中心、停车场、保养场、首末站以及停靠站的建设，提高公共汽（电）车的进场率；推进换乘枢纽及步行道、自行车道、公共停车场等配套服务设施建设，将其纳入城市旧城改造和新城建设规划同步实施。加强公共交通用地综合开发。

提高公交专用道的规模，提高公交优先的道路比例。增加公共交通优先通行管理设施投入，加强公共交通优先车道的监控和管理，在拥堵区域和路段取消占道停车，充分利用科技手段，加大对交通违法行为的执法力度。

鼓励智能交通发展。按照智能化、综合化、人性化的要求，重点建设公众出行信息服务系统、车辆运营调度管理系统、安全监控系统和应急处置系统。加强城市公共交通与其他交通方式、城市道路交通管理系统的信息共享和资源整合，提高服务效率。

（三）加强多方式的衔接，倡导步行和自行车等绿色交通方式，构建一体化的交通服务

加强综合交通枢纽的建设，实现方便衔接换乘，加强各种公共交通方式与个体机动化交通以及步行、自行车出行的协调，促进城市内外交通便利衔接和城乡公共交通一体化发展。

优先保障步行和自行车交通使用者在城市交通系统中的安全性，确定合理路权，通过各种措施与机动车道隔离。加强步行和自行车交通系统与城市居住、公交枢纽、公共建筑、公园绿地等用地的结合，提高可达性。

坚持平面为主、立体为辅的原则，科学设置行人过街设施。加强占道管理，保障步行道和自行车道有效宽度。

（四）打通城市交通微循环系统，提高路网运行效率

加强城市支路建设，提高道路微循环水平。改变"大马路"、"宽马路"的建设理念，结合新区建设和旧城改造，加强城市支路建设，尤其是要提高城市中心城的支路密度；完善道路功能，重点是步道、自行车道的配置和完好，保障出行安全；提高城市道路面积率、路网密度、道路间距等指标，特别是提高支路路网密度指标，并将道路密度作为城市规划强制性指标，落实到城市总体规划、控制性详细规划中，严格实施。

全面梳理"断头路"欠账，明确解决方案，提高道路通达性；道路网规划时加强基础调研和沟通协调，避免形成新的"断头路"。

（五）加强城市交通基础设施和智能化交通指挥设施管理维护，整顿机动车交通秩序管理

完善道路网络系统，建立功能等级结构合理、网络布局科学的网络系统。加强交通基础设施和智能化交通指挥设施的维护管理，加强路面、交叉口、隔离带、附属设施的维护管理，重视提高信息化水平，强化交通控制管理中心、交通信息采集系统、交通标志标线、信号灯控制等设施的维护管理。整顿机动车交通秩序，严格进行道路行驶路权、交通行为的管理、文明交通的管理等。

（六）加强城市出租车客运市场管理

科学管理出租车运力规模。建立动态监测调整机制，建立市场供求情况评估与运力规模管理机制。科学管理出租汽车综合服务区、停靠点、候客泊位等服务设施，纳入城市基础设施建设规划，为乘客和出租汽车运营提供便利。

探索利用互联网技术更好地构建企业和驾驶员运营风险共担、利益合理分配的经营模式。鼓励出租汽车行业加快与互联网融合发展。改革

监管方式，提高监管信息化水平，提升监管能力。

（七）加强城市停车管理

加强停车设施规划建设管理。按照"先规划、后建设"的原则，加强城市停车设施专项规划编制，推动停车设施合理布局。建筑物新建、改建、扩建时严格按照规划设计条件和配建标准进行建设。加强停车设施建成后的使用监管，对未经批准、挪作他用的配建停车设施应限期整改、恢复停车功能。

加强停车设施经营管理。促进各类经营性停车设施企业化、专业化经营。坚持市场化原则，鼓励路内停车泊位和政府投资建设的公共停车场实行特许经营。

促进信息化、智能化管理。提高智能化服务水平，充分利用现代互联网技术，促进停车与互联网融合发展，支持移动终端互联网停车应用的开发与推广，建立城市停车泊位信息数据库和停车服务、管理信息系统。

严格路内停车泊位管理。合理规划临时路内停车位，明确临时路内停车服务对象和设置时限。推行差别化停车收费。

开展重点地区停车综合治理。将违法、违章停车情况突出的区域、路段列为治理重点，努力维护城市道路停车秩序。

（殷广涛、叶　敏）

改善城市人居环境

当前我国已经有超过半数的人口居住生活在城市，加快改善人居环境，建设更加健康、宜居、公平的城市已经成为广大人民群众的共识，也是推进新型城镇化过程中需要解决的基础性问题之一。

一、人居环境建设事关城市工作全局

人居环境建设是一项系统性工程，是国家发展总体要求在城市工作中的具体体现，这主要表现在以下五个方面：

（一）改善人居环境，要实现促进社会公平，全社会共享改革发展成果的目标

新型城镇化强调"以人为本"，要让外来人口在城市中住得下、住得稳，除了需要大力提高城市基础设施的承载能力外，更重要的是要认识到人居环境建设的公共政策属性，要着眼于社会公平正义和经济发展成果共享，为城市所有居民提供公平和均等的公共服务。特别是对于广大中小城市，加强人居环境建设将有助于吸纳外来人口。从长远看，未来的城市竞争是人力资本的竞争，旨在提高城市人居环境品质，构建和谐社会是城市转型发展的必由之路。

（二）改善人居环境，要走资源节约、环境友好的道路

中国适宜人居的国土空间不到国土总面积的1/3，自然条件最优越的地区同时也是城市最密集的地区，城市发展和生态环境保护的矛盾十分突出。这决定了中国城市人居环境的建设必须要集约节约利用土地，提高能源和水资源的节约使用和循环利用能力，通过建设紧凑城市，实

现精明增长。当前绿色低碳发展已经成为国际共识，走绿色人居发展道路，按照绿色循环低碳的理念建设人居环境，也是中国承担国际责任的重要体现。

（三）改善人居环境，要结合时代科技进步，走创新发展道路

互联网、大数据、低碳生态基础设施等科学技术的发展正在深刻地改变人们的生产生活方式，也在推动城市向更加智慧和生态的方向发展。传统的城市基础设施建设和管理的方式已经难以适应时代进步的要求。改善人居环境，要着眼于建设智慧城市、绿色城市等新型城市，加快智能、绿色、低碳等适用技术的应用，提高城市基础设施的工业化和智能化水平。

（四）改善人居环境，要因地制宜，走特色化发展的道路

人居环境建设既不能一刀切地制定标准，也不能不切实际地鼓励所有城市都向自然生态环境优越的地区看齐。中国特色的人居环境建设，要客观面对我国自然地理条件差异大、地域人文特色多样、区域发展不平衡的实际情况。既要提高各级城市的基本公共服务和设施保障水平，更要突出不同城市所处的自然地域和人文特色。城市已经成为人类文明的主要载体，是实现中华民族传统文化伟大复兴的主战场，在城市人居环境建设中保护好前人留下的文化遗产，弘扬时代、地域、民族特色，是当前人居环境建设的重要方向。

（五）改善人居环境，要把城市安全放在更突出的位置

城市越现代化，对基础设施安全运行的要求就越高。改善人居环境要建立各部门间统一协调的城市安全监测、预警与应急机制，提高城市管网、排水防涝、消防、交通、污水和垃圾处理等基础设施的建设质量、运营标准和管理水平。通过加强管理，消除安全隐患，增强城市防灾减灾能力，保障城市运行安全。

二、城市管理在改善人居环境中的主要任务

改善人居环境既要大处着眼，也要小处着手。城市管理面对的是城市日常运行的方方面面，在当前城市管理工作中，应重点做好以下工作：

（一）不断提高园林绿化水平

中国的园林，植根于自然和人文环境，体现地域特色和民族文化，在世界上独树一帜，是国家的宝贵财富。长期以来，我国城市"重生产、轻生活"，对经济发展投入多，对园林绿化投入少，导致我国城市园林绿化水平普遍不高，单位绿化量明显不足，盲目模仿抄袭严重。

各地要立足自身经济、社会、资源、环境和文化特点，因地制宜地发展风景园林，传承地域文化；要用生态的理念提升公园水平，将外部的环境引入城市内部，滨河的生态廊道、动物迁徙的走廊要留够宽度，使园林绿地内外相通，景观和生态意义兼备；还要推进体制机制改革，发挥市场力量和民间的积极性，形成园林绿化多元化的投入机制，使得城市的园林绿地，不但能够建得起来，还能够得到良好的维护和保养。

（二）切实加强环卫保洁能力

随着我国城市建设区面积不断扩大，城市环卫工作的任务越来越重。而市民环卫意识普遍不强，随地乱扔垃圾、机动车抛物等不良现象普遍存在。城市环卫工人工作条件差、待遇低、劳动得不到尊重，这都使得岗位短缺的矛盾越发尖锐。

因此，要树立"城市是我家，卫生靠大家"的良好风尚，让广大市民建立起维护城市环境的自主意识。要增加"城中村"、棚户区、城郊接合部等设施薄弱地区的环境卫生设施投入，及时做到对垃圾的清理和运输。要加强对环卫工人在作业规范、交通规则、安全防范等方面培训，提高机械化清扫水平，降低环卫工人的劳动强度，改善他们的工作条件。

（三）全面改善城市环境

根据环境保护部的统计，全国90%以上的城镇水域受到不同程度的污染，全国超过10亿人受到雾霾天气影响。传统工业比重大，城市建设活动多，使固体废物和建筑垃圾产生量居高不下。这都要求我们要以节能、降耗、减污为目标，实施工业生产全过程污染控制。要通过建筑工业化和绿色建材的推广，有效控制建筑垃圾的产生量。要完善城市污水处理系统，加强管网建设，提高城市污水处理水平。要优化城市空间布局，使居民楼、办公楼、学校等噪声敏感建筑物远离噪声源，减轻噪声污染的危害。

（四）规范建筑施工现场管理

我国城市在建的工程总量高居全球首位，但施工现场管理水平却很低，偷倒渣土现象普遍存在。很多工程作业采用开敞式施工，扬尘成为重要污染来源的同时，噪声也严重干扰了周围居民的生活和工作。因此，要大力推行绿色施工，采取得力措施改善施工现场环境，减少对周围环境的影响，减轻对周边居民的干扰。要加大执法和处罚力度，重点查处开敞式施工、偷倒渣土、噪声扰民等现象，对各类违规施工行为，要加大处罚力度，依法惩处，决不手软。

（五）推进垃圾的减量化、资源化和无害化

我国每年生活垃圾总量高达1.7亿吨，废旧机电产品、废弃电子电器产品年报废量2亿吨以上，医疗垃圾流入生活垃圾的现象也比较严重，严重威胁人民群众的健康安全。因此，要通过发展循环经济，全面推进垃圾的减量化、再利用和资源化。要摈弃大量生产、大量消耗和大量丢弃的不文明的生产生活方式，提倡和推动绿色消费模式。要推行和完善生活垃圾处理收费制度，补偿处理设施投资和运营费用的不足；要推进工业固体废弃物、生物质废物、垃圾与污泥等重点固体废弃物的资源化和能源化。尽快建立起全覆盖低成本、高效率的废弃电子产品收运体系。要对医疗废弃物产生、分类收集、储存、运输及处理中的各个环节进行统一管理，建立医疗废弃物处理的网络化管理系统，完善医疗垃圾专用贮存设施、设备。

（六）大力开展爱国卫生运动

要不断拓展爱国卫生运动的新领域，要积极探索开展爱国卫生运动的新机制，充分发挥广大基层社区的作用，综合采用经济、行政的办法，通过专业卫生队伍和广大群众相结合，加强公共卫生环境的整治和管理。要大力普及卫生科学知识，引导广大人民群众增强健康意识，提高自我保健能力，养成科学、文明、健康的生活方式。

（殷会良、陈　明、张云峰）

提高城市应急防灾能力的途径

随着我国经济和社会的快速发展，城市化进程发展迅猛，城市呈现出规模不断扩张、人口日益密集，建筑物、构筑物种类繁多、形式各异，基础设施交错复杂，信息化程度不断提高，城市重大重点生命线工程集聚等特征，具有现代城市特征的特大型都市圈已初步形成。然而，在我国城市化进程不断加快的大背景下，我国城市防灾减灾的形势却极其严峻，防灾减灾能力明显落后于城市经济发展能力，这已成为制约城市发展的主要矛盾之一。切实提高城市应急能力对于实现城市可持续发展和永续发展具有重大意义。

一、提升城市综合防灾能力，确保生命线系统的安全

在现代城市中，复杂的交通系统、地下管线等生命线工程将城市内部各区域相互连接起来形成有机整体。城市构成的复杂化引起城市致灾因素的多元化。统计分析表明，现代城市面对的主要灾害形式包括：地震灾害、水灾、气象灾害、火灾、爆炸、地质灾害、环境灾害、建筑灾害、通信信息灾害、流行病灾害等。城市综合防灾减灾能力，是指抵御和减轻各种自然灾害、人为灾害和由此而引起的次生灾害的能力，是对城市居民生命财产和城市生命线工程造成危害和损失所采取的各种预防、应对措施。实践表明，提高工程结构及其系统的防灾能力是当前减轻灾害的最有效途径。在城市复杂大系统中，严重的城市灾害通常呈现出多灾种耦联、并发的状态，若不及时切断灾害链，灾害便会不断恶化和扩张。在我国现代城市建设和发展过程中，城市管理者应突破现有面

对单灾种，分部门、分区域的单一灾害管理模式，形成多部门分工协作，并建立一个集预测、预报、预防、救援的综合防灾系统，既保证灾害突发时的迅速反应和应急救援，又能兼顾灾前的防灾工作和灾后恢复重建工作，从根本上提高城市综合防灾能力。城市综合防灾的首要任务是确保生命线系统的防灾能力。生命线工程系统包括通信、交通、电力、供水、供热、供燃气等，是城市居民生活和城市有序运行的基础设施。在城市综合防灾工作中，应进一步强化预防为主的防灾理念，应特别关注提升城市公路、铁路、地铁、管线工程等生命线工程重要组成部分的防灾能力，并构建全方位、全过程、全系统的科学防灾体系。

二、实施安全监管责任制，强化重大危险源监控

我国目前仍处于城市化和工业化的快速发展时期，无论是工业企业的热力、电力、供油管线，还是固定场所储存的危险化学品化学原料，抑或穿梭于城市公共场所和街区中运输危险化学品的车辆，都应受到防灾部门和安全部门的严密监控与管理。分析近年来城市灾害事件，可以发现，灾害的发生往往是由于管理部门安全监管主体责任不落实所造成的。在具体实施过程中，必须明确主要负责人的安全监管职责，如建立涉灾企业和部门的安全责任制，组织编写安全监管规章制度，组织制定并实施安全教育、培训和检查计划，保证安全设施正常有效，及时消除安全隐患，制订并实施应急救援预案等。建立相应的追责制度，落实安全监管组织领导机构，加强安全监管工作的统一领导和组织协调。落实安全管理力量，依法设置安全监管机构，配置安全管理人员。建立并实施安全监管报告制度，定期向公众和社会公示安全监控情况，接受社会舆论的监督。在技术措施方面，应建立危险化学品基础数据库，建立GPS、GIS等高技术电子监控和控制系统，实现城市易燃、易爆、有毒、放射性物质储存区的有效监控，为多灾害预警与应急预案提供基础数据和决策依据。同时，强化城市重大危险源的监控，除了传统的自然

灾害和人为灾害，也应管控城市信息灾害、生化恐怖袭击、突发流行病灾害等新的危险源及其衍生灾害。

三、建立城市基础设施安全隐患排查制度，
实现分级分类动态管理

城市基础设施作为城市赖以生存和发展的基础，既面临着来自系统内部的风险隐患，也承担着外部诸多因素的风险隐患。应明确各项基础设施的功能安全目标，建立城市基础设施安全风险隐患排查的分级分类动态管理制度和承灾能力的评估指标体系，构建城市基础设施全生命周期功能安全一体化模式。同时考虑各系统间的耦联性，选取合理的评价指标和评价方法，建立城市基础设施承灾能力的综合评价指标体系，进行有效的动态管理，提高城市各类基础设施的综合防灾、抗灾、救灾和恢复能力，从而提高城市综合防灾减灾能力。

城市防灾部门按照防灾法规的要求，在统一领导、分工负责、突出重点、密切配合的原则指引下，与行业企业合作，建立城市基础设施安全隐患排查制度，组建相应组织机构，定期开展城市基础设施安全隐患排查工作，做到专业排查与群防群治相结合，集中排查与日常监管相结合，全面检查与分类抽查相结合，政府督查与单位自查相结合。重点针对轨道交通、燃气系统、供水系统、供热系统、道路、桥梁和隧道做好安全隐患排查工作。结合排查情况加大资金投入，确保基础设施维护资金到位，防止安全隐患酿成灾害事故。

四、建立应急管理响应机制，提高灾害处置能力

现代城市中密集的各类建、构筑物，错综复杂的生命线系统，分布广泛的通信、金融、交通网络，使得城市在受灾后往往损失严重，且极易发生次生灾害。有效的灾害应急救援可最大限度减少城市灾害水平。灾后应急救援涉及的重要问题包括信息传递、交通运输保障、生命线快

速恢复、灾害救援活动的开展、受灾建筑物状态的鉴定。城市防灾应急管理机构应构建科学有效的应急管理效应机制，建立技术可靠、系统稳定、设施便捷的防灾信息无线传输网络，实时开展灾害信息收集、传输和灾情变化分析，指挥救灾抢险工作。开发建立防灾地理信息系统，在输入灾害要素数据后可推测各区域受灾状况以及灾害可能产生的变化，全面掌握受灾程度，有目的地组织救援和灾害应急。灾害发生时，应根据灾情轻重，立即组织专业救援抢险队伍进入灾区开展救援工作。灾区警察、消防队伍根据各自的救灾任务负责灾区的救护、治安和消防。水电气系统的专业技术抢险队伍应立即进行生命线工程的抢修和维护，减少和避免次生灾害的发生，尽快恢复灾区的生产生活。面对强震、强台风等自然灾害时，应根据灾情的需要，开设必要的避难所供灾民避难。对于灾害受损建筑，应根据其破坏信息进行危险程度的标识，并根据受损程度采取科学、合理、快速的修复技术，确保其后续防灾能力。此外，还应注意灾后各类物流的科学控制，搜寻、救援、医疗、后勤供应的组织和安排，切实提高城市灾害的处置能力。

五、建立应急预案动态调整管理制度，实施常态化综合演练

城市防灾部门应根据不同灾种特征制订自然灾害和事故灾害的应急预案，并针对各灾种应急预案建立动态调整管理制度，以确保灾情发生时可及时有效地实施科学管控。为实施上述工作，应专门组建应急预案管理机构，配备专业人员，明确其权责，建立合理的奖惩机制。应急预案应配有清晰易懂的条文及其解释说明，方便专业人员和群众学习领会。考虑到居民自我救护是灾害条件下挽救生命、减少灾害损失的最有效手段，因此，应重视群众的防灾教育并实施常态化的防灾演练，定期或不定期地举行专业性防灾训练和防灾演练。此外，中央政府应规定国家的防灾训练义务，定期举行大规模综合防灾训练和演习。

六、完善灾害避难场所管理、防灾物资储备 以及自然灾害突发事件军地协同联动机制

城市严重灾害可能致使大量灾民需要进入避难场所，因此，避难场所的开设和运营、避难民众食品和饮用水的确保和分配是灾害后应急救援的重要内容。应根据城市综合防灾规划的应急预案，对本地灾害特征、等级、波及范围进行合理预测，依托城市公共资源设立数量充裕、分布合理的避难场所。在避难场所应储备一定数量的紧急救灾物资。平时应由专人监管避难场所、防灾物资储备仓库。储备物资的运送、调配、更新及处理应有具体明确的规定条文。灾害发生后，各避难场所受灾群众情况调查、信息收集、物资分配和发放应由有章可循、及时准确。为提高救灾效率，发挥军队快速响应的特点，可建立军地防灾救灾协同联动机制，确保发现重大灾情后军队可在最短时间赶赴灾害现场，并及时有效地开展城市救灾抢险工作。

（李爱群、庄　鹏）

推进数字化城市管理向智慧化升级

数字化城市管理是综合运用现代数字信息和移动通信技术，分析和管理整个城市要素的信息化措施，是实现政府治理现代化的重要举措。以推进"互联网+"模式为契机，充分应用物联网、云计算等现代信息技术，打造数字化城市管理信息平台，有机整合感知、分析、服务、指挥、监察等功能，并持续向更加注重以人为本的精细化、智慧化城市管理升级，对于提高城市管理和执法水平、推动城市管理走向治理具有十分重要的意义。

一、推进数字城市管理智慧升级
是提升城市管理和执法水平的关键举措

城市管理工作是一项复杂的社会系统工程。政策性、群众性、流动性较强，涉及面广、难度大、矛盾多、情况复杂。在城市化进程不断加快的今天，传统城市管理模式在很大程度上制约了城市管理功能的实现，其管理的效率和效果已不能满足现代城市发展的需要。面对新形势，管理方式粗放、信息交流滞后、依赖传统手段、忽视数据分析等传统城市管理模式的弊端已明显地暴露出来，亟待改进。

习近平总书记2014年在北京调研时明确要求：要充分运用现代信息技术，加快形成与城市发展要求相匹配的城市管理能力，实现城市管理目标、方法、模式现代化。为加强城市管理工作、提升服务和执法水平指明了方向。

城市管理涉及市容、市政、交通、环境、应急等诸多领域，在传统的城市管理模式下，建立科学高效、多方协调、资源共享的管理机制相对困难。智慧化城市管理采用科学的手段和科学的机制，对管理流程进行再造，建立条块结合、权责利相统一、高效规范的城市管理与运营新模式，有助于促进城市管理主体的互联互通及信息共享，满足政府相关部门以及社会公众的信息访问需求，为城市管理的领导决策提供依据、为大数据分析和各类普查提供支持。

二、推进数字城市管理智慧升级
是"互联网+"行动计划的生动实践

十八届五中全会提出，要"实施'互联网+'行动计划"、"支持基于互联网的各类创新"。这是促进互联网与经济、社会、城市、政务等融合发展，形成新的效能增长的必然选择，为政府治理现代化提供了强大支撑。

"互联网+"是创新2.0下互联网发展的新形态，是知识社会创新2.0推动下的互联网形态演进，也是智慧化城市管理的基本特征。新一代信息技术的发展使城市管理形态在数字化基础上进一步实现智慧化成为现实。依托物联网，城市管理部门可以实现智慧化感知、识别、定位、跟踪和监管；借助云计算及智能分析技术，可以实现海量信息的处理和决策支持。创新2.0模式则更加强调以用户为中心、以社会实践为舞台，更加注重让用户参与服务设计提供全过程，能够有效汇聚群众智慧及群体智能，促进政府、市场、社会等多方协同，通过开放数据等方式营造开放创新生态，创造市场和社会价值。推进数字城市管理升级，既是"互联网+"的生动实践，也为城市管理的智慧化提供了强大支撑。

三、推进数字城市管理智慧升级
是市民参与城市治理的重要途径

城市管理的目的不是管理本身，而是通过管理，让城市成为人民追求更加美好生活的有力依托。我国改革开放30多年来，市民的权利意识日渐觉醒，利益诉求日渐增长，依法参与公共事务管理的积极性日渐提高。中央城市工作会议明确提出，要加强城市管理数字化平台建设和功能整合，建设综合型城市管理数据库，发展民生服务智慧应用。整合信息平台，推进数字城市管理向精细化、智慧化升级，既是政府创新治理方式的集中体现，也是坚持以人为本、创新城市管理与服务模式的集中体现，目的是鼓励市民和社会组织通过数字城市管理信息平台参与城市建设管理，真正实现城市共治共享、共建共享。

四、推进数字化城市管理向智慧化升级的方式方法

（一）加快数字化城市管理平台建设

2004年，我国第一个数字化城市管理系统"北京市东城区网格化城市管理系统"正式运行，2005年，住房城乡建设部在全国推广数字化城市管理新模式。经过近10年的探索推广，目前全国3191个县级以上政府中，有1127个地区已经建立了数字城市管理平台，约占总数的1/3，还有许多地区正在建设或谋划。根据对100个地级以上城市的调查统计，建有数字城市管理平台的城市比例更是高达87%，城市规模大小、管理内容多少与数字城市管理平台的建成率呈现出正比例关系。可见，城市发展越快，管理要素越多，对借助现代信息技术改进城市管理工作的需求就越高。随着我国城镇化率的不断提高，城市活动的内容日益复杂，必须积极推进城市管理数字化、精细化、智慧化。同时也要看到，目前我国距离全面建成数字化城市管理平台还有较大差距，因此，要加快建设脚步，到2017年年底，所有市县都要整合形成数字化城市管理平台，为改进城市管理工作提供有力的技术支撑。

（二）拓展数字化城市管理平台功能

基于城市公共信息平台，综合运用物联网、云计算、大数据等现代信息技术，整合人口、交通、能源、建设等公共设施信息和公共基础服

务，不断拓展、充分发挥数字化城市管理平台功能。一方面，通过拓展城市公共管理服务平台应用，开发"市民城管通"等移动客户端，能够让市民随时随地获取城市管理相关信息，第一时间发现、上传身边违法行为，更加便捷地享受城市管理地图等城市服务，每位市民都可通过自己的智能手机下载移动应用，直接参与举报、咨询、建议和挑错，激发市民参与城市管理的热情，切实改变以往公共资源配置和使用中存在的信息不对称现象，确保市民均等、便捷享有公共服务的权利；另一方面，通过整合全国统一的"12319"城市管理服务热线，为市民提供城市管理领域问题"一站式"解决方案，有效避免传统服务热线存在的部门推诿现象，让市民特别是新市民身边的问题在第一时间得到有效处置。

此外，通过借鉴维基百科开放文档管理技术，拓展城市管理政务维基等应用，让市民可以分享城市管理知识、提交相关提案，并直接参与政府文件的发起、起草、修改过程，实现社会治理与政府公共管理的相互融合。

（三）加强城市管理数据的采集分析

综合利用各类监测监控手段，强化视频监控、环境监测、交通运行、供水供气供电、防洪防涝、生命线保障等城市运行数据的综合采集和管理分析，为政府决策提供支持。基于云计算，通过智能融合技术的应用实现对海量数据的存储、计算与分析，并引入综合集成法，通过人的"智慧"参与，提升决策支持和应急指挥的能力，实现对城市管理问题进行预警、由"事后处理"转向"事前预测及控制"，由人工响应逐步向自动化响应过渡。

构建城市建筑物数据库，并将其与数字化城市管理平台建设及智慧城市建设协调同步，依托数字化城市管理平台，将建筑物属性信息、二维图形和三维立体模型录入平台，建立起对建筑物信息的数据储存和应用资源共享服务体系，通过社会化信息共享共建、互联互通，为政府职能部门、社会单位、市民群众提供高效便捷的数据信息服务。政府相关部门可以在线获取建筑物信息，并将自身职能、具体工作通过建筑编码与建筑信息相关联，既节约了行政成本，又提高了办公效率。

（四）促进城市管理全要素数据整合与共享

诚实守信对于提高城市文明程度具有重要意义。目前，我国的城市管理普遍没有将诚信评价纳入公共管理系统。如果社会缺乏对多次产生违法行为的约束机制，就会进一步助长不诚信行为。在强化行政许可、行政处罚等行政信息数据采集的基础上，通过加入数字化城市管理平台自动记录和即时统计功能，开发对辖区内单位和个人的社会信用评价系统，建立社会单位数据库和人口数据库，自动累计有关单位和个人的诚信记录，促使全社会自觉履行遵守城市管理各项规定。

另外，各地在现代信息技术应用过程中还存在着部门信息封锁、信息资源使用效率不高、缺乏统一信息资源协调机构等薄弱环节，制约了政府的社会服务效率、协同管理水平和应急响应能力。通过建立智能化大数据中心，存储城市管理中产生的海量数据信息，并与其他部门的智能化数据中心联通，根据不同权限编辑和查询地理基础信息、地理编码信息、城市管理部件事件信息、监督信息等，将可实现协同办公、信息同步、信息交换。

（王连峰）

构建智慧城市实现城市管理水平提升

改革开放30多年来，我国城镇化建设取得了举世瞩目的成就，尤其是进入21世纪后，城镇化建设的步伐不断加快，城市人口不断膨胀，"城市病"成为困扰城市建设与管理的首要难题，资源短缺、环境污染、交通拥堵、安全隐患等问题日益突出。由于智慧城市综合采用了包括射频传感技术、物联网技术、云计算技术、下一代通信技术在内的新一代信息技术，通过充分整合、挖掘、利用信息技术与信息资源，实现对城市各领域的精细化管理和智能化管理，达到减少资源消耗，降低环境污染，解决交通拥堵，消除安全隐患，实现城市可持续发展的目标。战略性新兴产业的发展往往伴随着重大技术的突破，对经济社会全局和长远发展具有重大的引领带动作用，是引导未来经济社会发展的重要力量。一方面，智慧城市的建设将极大地带动包括物联网、云计算、三网融合、下一代互联网以及新一代信息技术在内的战略性新兴产业的发展；另一方面，智慧城市的建设对医疗、交通、物流、金融、通信、教育、能源、环保等领域的发展具有明显的带动作用，进而对我国提升供给侧质量、扩大内需、调整结构、转变经济发展方式发挥积极的促进作用。因此，建设智慧城市在实现城市可持续发展、引领信息技术应用、提升城市综合竞争力等方面均具有重要意义。通过构建智慧城市来提升城市管理水平主要体现在以下几个方面：

一、加强城市基础设施智慧化管理与监控服务，加快市政公用设施智能化升级改造

城市基础设施包括供水排水、供电、供气、供暖、通信、交通、市政、环卫、应急防灾等，是城市健康有序运转的基础。市政公用设施包括城市道路、城市桥涵、城市排水设施、城市防洪设施、城市道路照明设施、城市供水设施、城市供热设施、城市燃气设施、城市公共客运交通设施等。随着城市人口、规模、结构、功能的复杂变化，出现了空气污染、交通拥堵、逢雨必涝等"城市病"。传统的城市基础设施从技术上和管理上都无法适应快速变化的社会需求。通过加强城市基础设施智慧化管理和市政公用设施智能化升级改造，对城市基础设施和市政公用设施进行多方位数字化、信息化、智慧化实时管理、监控与利用，可为城市管理与服务提供更便捷、更智能、更人性化的技术手段。主要体现在：精确采集基础设施运行管理服务信息，为精细描述管理对象、精准处理管理问题提供数据基础，从而保证城市管理服务快速灵敏；通过信息资源的整合，建立网格化、数字化、智能化和属地化的管理服务模式，开展以网格化为支撑的智慧城市管理综合服务，提高政府公共管理的广度和深度；通过深度挖掘热点和社会需求，强化社会化导向，鼓励各类社会组织和公众参与城市管理，在利民、惠民的基础上，全民参与管理，提升城市管理水平；开展基础设施监控服务，有利于精准把握基础设施安全状态，实时定位城市违法行为，降低执法成本，减少社会危害，提升城市品质。

二、构建城市虚拟仿真系统，强化城镇重点应用工程建设

城市虚拟仿真系统主要包括虚拟现实技术、地理信息系统、虚拟现实地理信息系统，运用到的相关技术包括三维建模技术、虚拟交互技术等。城市虚拟仿真系统采用数字化的方法，通过对各类城市信息进行分

析，以全方位、直观、动态、可交互多媒体方式再现城市基础设施、城市密度及分布、建筑结构、园林绿地位置、道路规划、光照、噪声传播和污染等，并实时更新。同时提供高危、不可逆、消耗大等城市管理应急决策结果的仿真和预测。城市虚拟仿真系统可为城市规划、建设、管理的各阶段提供展示媒介，为规划设计、方案评估、领导决策、规划审批、市民公示、宣传展示及招商的全过程提供支撑，可提高项目管理能力和效率，提高公众参与度和部门协同力，提高展示和城市形象宣传的效果，从而使城镇重点应用工程建设包括城市规划、城市设计、基础设施设计、建设、运营和城市管理更具科学化、自动化和智能化，对城市可持续发展提供有效的技术支撑。

三、发展智慧水务，构建智能供排水和污水处理系统

智慧水务的核心是城市水资源管理，是智慧城市的重要组成部分，是水务事业发展、行业管理与服务的重要支撑和保障，也是保民生的技术支撑手段，事关城市运行优化资源配置、政府职能提升、公共服务完善等各项任务的顺利完成。智慧水务建设将以新技术应用带动水务信息化技术水平的全面提升，以重点应用系统带动信息化建设效益的发挥，从而为水务管理的精细化、智慧化提供信息化技术支撑。

我国多数城市属于水资源短缺城市，在水资源短缺的情况下还存在着严重的水环境污染，同时，在雨季又存在大量城市内涝问题。发展智慧水务，对于提升城市管理水平具有重要意义。主要包括：一是全面进行水质监管，实现城市水环境治理效果。通过发展智慧水务，对排水管网、污水处理厂、城市河湖的水质情况进行全面动态监测，及时发现污染事件、锁定污染源、完善污水治理体系、启动执法程序，用治理效果考核治理工作，避免出现污水处理率很高但黑臭水体依然存在的尴尬局面，真正实现城市水系的水质好转。二是实施系统化污泥运输处置监控，降低污泥污染风险。污泥是污水处理的最终产物之一，污泥中富

集了污水中80%以上的污染物。污泥车辆道路遗撒、乱倾倒、违规农田利用等都是城市管理的老大难问题。通过建设城市市政污泥运输处置监管信息化系统，实现从污泥处理出口、称重计量、运输路线、无害化处置点的全程监控，确保市政污泥得到安全处置。三是全面进行水资源管理，实现水资源循环利用，保障城市用水安全。我国总体上水资源缺乏，全国600多座城市中有400多座属于缺水城市。发展智慧水务，基于监测技术、模型技术、控制技术等对河湖、自来水、中水、污水、雨水进行综合调蓄、调度，实现城市水资源的全面管理和循环利用，保证城市水资源供应，保障城市水安全。同时，通过智慧供水管网、远程抄表、网上缴费等系统建设，让市民方便获得稳定、干净、安全的饮用水。四是实施系统化水文监测，不断优化城市海绵体，保障城市安全度汛。目前我国大多数城市存在干旱、内涝、水体污染并存的情况，为破解这个难题，国家提出了建设海绵城市的指导意见。海绵城市是一个从规划、建设、验证、优化设计的循环递进过程，城市海绵特性监测是海绵城市建设的重要环节。发展智慧水务，在海绵城市工程建设的基础上，通过雷达雨量预测、雨量监测、水量监测、水质监测、水气监测、模型分析等手段不断验证城市海绵体指标，实现效果验证，同时为海绵城市建设、城市内涝防治与安全度汛提供数据依据。

四、发展智慧管网，实现城市地下空间、地下管廊、地下管网管理信息化和运行智能化

随着城市快速发展和人口迅速集聚，发展地下空间成为城市现代化发展的必然选择。现代城市地下管网包括上水、下水、中水、电话、电力、路灯、光缆、通信、信号、煤气、天然气、热力管网等综合管网。发展智慧管网，能够实现智能感知、网络互联、信息集成、智能分析与决策支持等功能，实现地下管网运行状态的可知、可控和主动管理，这是保证地下管网运行安全、高效、稳定的必然趋势和有效途径。发展智

慧管网，可实现城市地下空间、地下管廊、地下管网管理信息化和运行智能化，提升地下管网运行的安全性，减少地下管网突发事件对人民生命财产的潜在威胁，同时还可降低地下管网运营维护成本，提高地下管网服务可靠性，智慧管网提供的大量的数据信息可为城市的规划建设提供有效的支持服务。

通过城市地下空间、地下管廊、地下管网管理信息化和运行智能化系统的建设，可避免地下空间开发和城市建设脱节或布局不合理现象，提高城市建设与地下空间的综合利用和发展，提高地下管线及地下空间（商场、车库、娱乐场所、民防设施）等公共服务设施和公共活动空间的运行效率。全面、系统、准确的地下综合管线信息化管理系统是发展智慧管网必要的基础条件和基本前提，通过智慧管网的科学规划、合理建设和有效运营，可有效提高地下空间资源的利用效率，科学制定相应的疏散、保护、处置和救援等应急预案和措施，减少各类事故的发生，使城市地下空间的开发、建设、运营和环境保护满足现代城市的可持续发展需求。

五、发展智能建筑，实现建筑设施设备
节能和安全的智能化管控

智能建筑以建筑物为平台，将智能型的计算机、通信及信息技术与建筑物有机结合，通过对设备的自动监控、对信息资源的智能管理和对使用者的智能化信息服务，构建安全、高效、舒适、便利、灵活、更具人性化的智能建筑物。智能建筑包括建筑自动化系统、办公自动化系统、通信自动化系统、安全自动化系统等，各系统之间相互协调，具有互操作性、舒适性、高效性、安全性、适应性和方便性的特点。发展智能建筑，可实现全国、城市、区域、园区、单栋建筑各类能耗数据的自动采集、存储、统计分析、节能诊断、优化控制和综合管理等，实现能源消耗可视、能源成本可知、能源使用可控的智能管理，从而实现城市

的绿色、低碳、环保运行。建筑的高效运转和节能环保是智慧城市的重要组成部分，绿色智能建筑是智慧城市建设的核心任务之一。

随着信息技术的快速发展，设备网络和信息网络共同实现了从点到面、从面到云的跨越，可以实现从单栋建筑的管理到区域的建筑群管理，进而实现城市管理的智慧化。实现建筑设施设备节能和安全的智能化管控，对温度、湿度、压力、流量、浓度、液位等参数进行检测和控制，使之处于最佳的工作状态，以便用最少的材料及能源消耗，获得较好的经济效益；同时，对建筑内部关系到人身安全、设备与系统运行安全、环境与财产安全的因素与状态进行全面监视，及时发现危险源或险情，并采取有效的防范措施，保证建筑环境的质量与安全，最大限度地保护人身与财产安全。智能建筑面向用户的现实需求，其智能系统的人机交互界面应具有简易化、可视化、个性化、人性化的特点，经过系统在线故障诊断和容错控制机制，增强设备系统的安全性，保证智能建筑用户使用的便利。

六、加快城市管理和综合执法档案信息化建设

城市管理和综合执法应具有科学性、及时性、规范性、有效性和便民性，而城市管理和综合执法过程的档案管理，对改善和提升管理服务水平至关重要。在城市管理和综合执法过程中，要通过对法规制度等进行完善，规范工作行为，同步进行档案信息化建设，提高城市管理和综合执法的效能。

档案信息化包含四个方面的内容：一是要实现档案信息的数字化和网络化；二是要实现档案信息接收、传递、存储和提供利用的一体化；三是要实现档案信息高度共享；四是要实现档案管理模式的变革。档案信息化建设目的是更好地开发利用档案信息资源，实现档案信息资源共享。档案信息化可提高档案信息资源利用效率，为实现传输档案信息、交换和共享资源提供了技术支撑。档案信息化可有效细化城市管理和综

合执法的目标任务、完成时限、责任单位和全过程管理，对依法实施综合执法和管理行为提供有力保障。

七、探索新型执法模式，提升执法效能

智慧城市背景下的新型执法模式，是通过基于互联网、移动通信、智能软件、物联网等技术的集成，综合利用视频一体化技术实现随时随地随身的全方位执法。该模式可以整合社会各方面的开放数据并予以共享，更注重信息资源的广泛收集和共享，利用手机软件客户端、官方网站等扩大各部门的联动和广大市民的参与，实现以人为本的管理理念。通过利用计算机和互联网信息技术，处理行政执法信息，并进行记载、传输、保存、再现以及审视、批改和确定，以提高行政执法效率和质量，促进行政执法的规范化，实现廉洁执法、透明执法和高效高质量的综合行政执法。

非现场执法通过利用监控、录像、图像处理等技术，对当事人的违章现场进行记录并形成图像资料证据。主要优点包括：取证手段多样，可利用科技监控设备、摄录像器材、经查证属实的群众举报资料等多种方式；证据客观、便利且高效，确认违法行为的主要证据为视听资料，当审查确认后成为行政处罚证据时，具有形象、生动、直观的特点。探索并实施有效的非现场执法模式，可有效提高执法效率，有助于实现节能减排目标；可有效减少人为因素干扰，进一步促进公正执法；可对潜在的违法行为人形成强大的震慑作用，对预防和减少违法行为起到积极促进作用。

（李爱群、李俊奇、张　雷、金占勇）

创新治理方式

在城市管理中充分发挥市场作用

《指导意见》中明确提出，要引入市场机制，发挥市场作用，吸引社会力量和社会资本参与城市管理。这是党中央、国务院着眼于坚持协调创新、构建现代城市治理体系、促进城市发展转型、满足增进民生福祉现实需要的重大战略举措，对于加快新型城镇化建设、提升国家治理能力、构建现代财政制度、实现我国城市的持续、健康发展具有重要意义。

一、在城市管理中引入市场机制的重大意义

较长时期以来，城市政府全面负责市政基础设施、市政公用事业、公共交通、便民服务设施等基础设施和公共服务设施的运营、维护、管理。在这种模式下，城市政府既充当"裁判员"，又充当"运动员"，在承担了巨大财政压力的同时，所提供的物品和服务也往往难以满足市民不断提高的生产和生活需要。社会力量和社会资本的引入有利于降低服务成本和提高服务效益，有利于优化使用公共财政资源，提供高效、灵活、多样化的服务。

（一）在城市管理中引入市场机制是现代城市治理的客观需要

在城市管理中引入社会力量和社会资本，有助于加快转变政府职能，推动城市公共治理模式的创新，推进面向可持续城市发展的制度建设，从而有利于城市发展中的多方利益主体之间形成集体行动，创造有效的城市公共治理模式。成熟的公私合作模式能够减少政府对微观事务的过度参与，提高公共服务的效率与质量，也能够使更多城市管理中的利益相关方参与到基础设施和公共服务设施的运营、维护、管理之中，

通过实践逐步建立起适应各地方实际的健康、高效、可持续的现代城市治理模式。

（二）在城市管理中引入市场机制是构建现代城市财政制度的必然要求

通过政府和社会资本合作等模式，推进基础设施和公共服务项目向社会资本开放，能够有效拓宽城市建设融资渠道，使得城市发展和更新得到多元化、可持续的资金支持。有利于整合社会资源，激发民间投资活力，盘活社会存量资本，也有助于拓展企业发展空间，进一步激发经济增长动力，促进经济结构调整和转型升级。政府向社会购买服务，有利于进行中长期财政规划，建立跨年度预算平衡机制，实行中期财政规划管理，编制完整体现政府资产负债状况的综合财务报告，与深化财税体制改革的目标相适应。

二、推进城市基础设施和公共服务设施的市场化运营

（一）牢固保持政府公信力，构建健全的市场环境

城市政府要立足长远，保持政府公信力，坚持依法治市，缩小政策目标和执行结果之间的差距，树立城市政府的权威，为构建健全的市场环境提供坚强的后盾。注意结合地方实际，建立和维护公开、透明的行政渠道，确保畅通的信息沟通，构建公开、公平、公正的市场环境，大力鼓励诚实守信、资质合格、经验丰富、绩效优良、信誉可靠的企业、社会组织和其他社会力量进入城市管理领域。

（二）转变政府角色，鼓励和吸引社会力量和社会资本进入城市管理

在公共物品供给中大力吸纳企业投资和民间资本，可以实现政府投资和社会投资在公共产品供给上的相辅相成，促进经济增长、调整经济结构、惠及民生。

政府和社会资本合作等市场机制有效运作的关键，在于政府和社会资本通过合作而产生的共赢模式。政府需要主动转变自身角色，从原来的领导者、建设者、运营者，向领导者、规制者、合作者和促进者转

变，领导、监督和协调社会力量（包括企业和第三方机构），并与之共同协作，进行规划引导、要素监管、协议管理和绩效评价，引入治理理念和公众参与，利用社会力量来建设公共事业，使公共产品和服务达到最佳的供给状态。

从社会力量和社会资本的角度看，一方面，社会力量和社会资本能够提供资金或资源，通过参与政府指定的市场化运营项目，缓解政府财政压力，盘活社会存量资源，降低各方风险，实现市场的资源优化配置。另一方面，社会力量和社会资本能够直接提供公共产品和公共服务，广泛参与到如环卫保洁、园林绿化管养作业、公共交通等工作中去，从而降低管理成本，提高服务质量，促进经济和社会健康发展。

（三）建立完善的政府规制和监管体制

由城市公共产品和公共服务的性质所决定，在城市管理中引入社会力量和社会资本需要城市政府与这些社会力量和社会资本建立的一种长期合作关系。社会力量和社会资本承担运营、维护工作，并通过"使用者付费"及必要的"政府付费"获得合理投资回报。城市政府作为公共利益的代表，必须始终坚持公平优先、公平与效率并重的原则，致力于确保公共利益的最大化。城市政府与社会力量和社会资本的合作应立足于社会发展和社会进步，使全体市民得到实惠，确保各方利益的合理分配。同时，要坚决遏制生产性的寻利活动，严厉打击腐败，防止通过寻租行为将公共利益私有化或小集团化。

要注意通过广泛的公众参与，发动社会力量积极参与监督管理。充分调动广大市民、社会组织参与城市管理的积极性、主动性，组织开展各类专项行动，吸引市民参与，形成全民参与城市管理的社会风气。对于新设合作项目，要充分评估其与既有公共服务项目的关联性和相互影响，加以慎重考虑。要未雨绸缪，预先制定各种相关应急预案。政府在制定应急预案的过程中，应大力鼓励社会力量参与研究和评估，增进预案的合理性和可行性，进一步提升城市治理水平。

三、合理配置方便市民生活的经营场所和服务网点

流动商贩的管理长期以来一直是我国城市管理工作中的突出问题。一方面，流动商贩无照经营，对城市秩序、食品安全、社会治安产生了较大影响；另一方面，流动商贩的经营活动也反映出城市居民的客观生活需要和城市公共服务设施配套不健全的实际问题。

（一）加强规划引导

在城乡规划和相关专项规划中按照人口规模、人口规划合理预测方便市民生活的服务网点的性质、规模，在城市空间上统筹兼顾，结合新城建设和旧城改造，确定这些服务网点的定位、用地性质、用地规模和用地边界，为其发展建设创造物质环境和条件。

（二）鼓励市场运作

协调属地政府和相关部门加大投入，以变"堵"为"疏"为导向，在政府划定的空间范围内，设立自由市场、摊点群、流动商贩疏导点等经营场所和服务网点，通过市场机制解决流动商贩管理难题，做到既维护整体环境秩序和执法权威，也兼顾市民的合理需求，不断提高执法效果和社会效果。

（三）加强商户自治

根据城市管理部门的执法经验，除季节性本地农户自产自销情况外，城市中的流动商贩主要由外来人口组成。这一群体的特点是流动性强、经营物品多变，且一部分呈家族式经营。这就需要从城市治理的角度，理清本地商户和流动商贩的人员构成情况，因势利导，鼓励和引导商户自我组织、自我管理。特别要注意发挥商户中"能人"的协调作用，使之成为上传下达、联系沟通、化解矛盾的有效方式。

（殷成志）

大力推进城市网格化管理

《指导意见》提出，要建立健全市、区（县）、街道（乡镇）、社区管理网络，科学划分网格单元，将城市管理、社会管理和公共服务事项纳入网格化管理。推进城市网格化管理，是提高政府治理能力的重要举措，是建设智慧城市的客观需要，是完善城市管理体系的有效依托，必须用足用好这个有力抓手，更好为群众提供有效的城市管理和服务。

一、大力推进城市网格化管理的重要意义

（一）大力推进城市网格化管理是提高政府治理能力的重要举措

2014年，习近平总书记在北京考察时强调："要健全城市管理体制，提高城市管理水平，尤其要加强市政设施运行管理、交通管理、环境管理、应急管理，推进城市管理目标、方法、模式现代化。"随着城镇化进程的加快，城市管理的任务必将越来越重，城市管理的要求必将越来越高。大力推进城市网格化管理完全符合创新、协调、绿色、开放、共享的发展理念，是提高政府治理能力的重要举措，是促进城市发展转型的必然选择，对构建权责明晰、服务为先、管理优化、执法规范、安全有序的城市管理体制，保障城市运行高效有序具有重要的推动作用。

（二）大力推进城市网格化管理是建设智慧城市的客观需要

大力推进城市网格化管理是构建智慧城市的重要组成部分，对城市综合管理、精细化管理、规范化管理和高效管理意义重大。通过加强城市基础设施智慧化管理与监控服务，可以加快市政公用设施智慧化改造升级。无论是发展地上的智能建筑还是地下的智慧管网，都可依托网格

化实现管理信息化和运行智能化。借助信息化技术，探索快速处置、非现场执法等新型执法模式，提升执法效能。利用人口、建筑、企业等方面数据，研究城市问题与地理环境、气象环境、人文环境等之间的关系；探索城市问题与政府管理、公共设施、社会管理等各种因素之间的关系，实现源头治理和系统治理。

（三）大力推进城市网格化管理是完善城市管理体系的有效依托

在城市网格化管理十余年的运行实践中，国家、市、区县、街道等不同层面对城市管理体系进行了积极探索。大力推进城市网格化管理对完善城市管理体系具有重要的推动作用。一是有利于形成较为高效的管理体制。网格化城市管理充分发挥条块的力量，网格化城市管理市级平台可以整合多个委办局和公共服务企业，形成整体合力；也可以构成市—区—街道分中心的管理层次，形成专门的城市管理监督指挥机构和专业管理队伍。二是有利于形成较为有效的运行机制。网格化城市管理可以创设一套有效的管理机制，包括问题发现、协调处置、监督考核、数据分析与沟通交流等机制。三是有利于形成较为规范的管理流程。在各类城市管理案件责任梳理和运行机制的基础上，通过规范管理流程，确定各类案件在不同级别管理区域的结案时限要求，确保各类案件的有序流转，实现城市管理的精细化。

二、城市网格化管理精细、高效

事实证明，开展城市网格化管理，城市管理高效便利，城市运行安全有序。

（一）高效处置大量城市管理问题

十年来，从各城市网格化平台立案、结案情况显示，及时核实率、及时核查率、上报准确率等运行指标不断改善，城市管理网格化系统运行效率逐步提升，各监督（指挥）中心通过调整工作重心，加大问题发现、核实、核查力度，深入分析问题成因，因地、因事制定对策措施，全面提高案件结案率，各类积压案件明显减少，综合运行效率不断提高。以北京市为例，2015年，城六区城市网格化管理系统立案327.6万件，结案率达到91.37%，高效处置了大量城市管理问题。

（二）大力服务环境建设

充分利用城市管理网格化平台的优势，落实环境建设的各项保障任务。按照网格化平台的统一部署，进一步拓展问题来源渠道、提高资源共享程度，畅通与群众互动通道，建立基层解决问题"微循环"机制，为实现"人民城市人民管"奠定基础。各城市积极配合开展公厕、果皮箱、地下通道、人行过街天桥、立交桥下空间环境、重点工地等多项专项普查督导，圆满完成了环境建设各项重点任务。

（三）有力提升服务管理精细化水平

网格化服务管理最突出的特点就是精细化。通过建立完善各种数据库、电子图并综合运用，详细分析各类问题和情况，将涉及的全部管理和服务主体、客体逐一落实到网格中，进行实时管理；制定服务管理工作标准，推进信息采集、问题受理、处置流程、考核评价的标准化；运用物联网、云计算等现代先进科技手段，提升服务管理精细化水平。

（四）全面推动部门协调联动

资源整合、部门联动是网格化管理的又一显著特征。突出"块"的统筹作用，明确各个层级在城市管理中的权力和责任，为实现"小问题不出社区，大问题不出街道"的目标提供保障。强调"条"的专业功能，做到责任清晰、有人管事、有人做事，提高解决和处置问题的能力，形成"一个管理网络、一套运行机制、一个指标系统、一个服务平台、一支综合力量"的城市管理网格化格局。

（五）深入推进基础信息共建共享

网格化管理以信息系统为支撑，有效解决了"情况不明"和"信息孤岛"问题。通过建立基础信息数据库，确保底数清、情况明。将门前"三包"、物业小区等涉及市容环境、安全生产、食品卫生、地下空间等管理领域的责任主体纳入到数字化管理系统，建立房产、人口、单位等数据库，并且在各部门之间实行信息共享。

（六）广泛动员社会力量积极参与

实行网格化管理，为社会力量参与服务管理搭建了平台。根据地域功能，划分出居民网格、商务网格、单位网格，动员社会各方参与城市管理。通过社区自治协管试点，使社区管理问题呈逐年下降趋势。许多城市的老旧社区以网络为平台，自发成立社区协调管委会，一些存在多年、居民反映强烈的社区顽疾得以根除。

（七）稳固奠定社会和谐基础

实行网格化服务管理，将问题解决在基层，把矛盾化解在萌芽状态，有助于奠定社会和谐稳定的基础。通过网格收集社情民意信息、化解矛盾纷争、排除各类隐患、为民服务做实事，有效实现信访总量和集体访量"双下降"。

三、推进城市网格化管理的措施

（一）建立健全社区管理网络、科学划分网格单元

按照网格化管理有关标准和要求，根据法定基础、属地管理、地理布局、现状管理、方便管理、负载均衡、无缝拼接及相对稳定等原则，建立健全社区管理网络，科学划分网格单元。通过完善市、区（县）、街道（乡镇）、社区管理四级网络，明确网格管理对象、方便城市运行保障，从而实现常态化、规范化、制度化管理。

（二）明确管理标准及责任精细管理

网格化管理作为政府职能部门管理城市的手段，其工作标准是按照不替代管理部门、不替代执法部门、不替代作业部门的原则，加强资源整合、信息共享、协同指挥，从而实现精细化管理。为此，一是要落实街道的属地责任，让城市管理的力量、资源下沉，让街道有职有权，同时执法、监督与管理工作持续跟进，更加重视城市管理基层力量，积极

发挥社区居委会作用，确保城市管理各项工作落实到位。二是要高度重视队伍建设，大力提高管理人员的统筹协调、指挥调度能力；大力提高监督人员的发现问题、信息采集能力；大力提高接线人员的规范接线、及时科学立案派案能力，着力打造一支精练、规范、高效的城市管理队伍。三是要创新优化网格运行标准，重点创新和完善问题发现标准、协调处置标准、数据分析和沟通交流标准、监督考核标准，确保城市管理网格高效精细运行。四是要着力推进三网融合工程，不仅要将城市管理网格、社会服务网格、社会治安网格进行硬件整合，更要从体制机制、工作模式、工作流程、考核方式和发展方向等方面进行融合，从而提升城市信息化管理水平。

（三）依托技术平台全面加强信息采集及问题处置

在现有城市管理网格的基础上，进一步加强技术平台建设，完善技术系统体系。采用定期普查与实时更新两种方式将各级规划、建设、治安、民政、园林、市政、环卫、交通、公路、水务等城市管理行业单位及属地职能部门的相关数据整合到数字化城市管理信息系统中，全面加强对人口、房屋、证件、车辆、场所、社会组织等公共基础信息的实时采集、动态录入，及时发现和推进处置问题，有效实现政府对社会单元的公共管理和服务。通过建立信息传输、维护、更新、保密等方面的工作机制，实现对信息的采集、更新、使用和共享分级分类、科学有效管理。2017年年底，所有市、县都要整合形成数字化城市管理平台。另外，要充分利用微信、微博、APP等自媒体手段发动市民全员参与，确保城市管理问题处理的信息化、社会化、公开化。

（柴文忠、吕 健）

发挥社区在城市管理中的重要作用

"社区"是人们生活的主要空间载体，承担着管理功能、服务功能、保障功能、教育功能和安全稳定功能。伴随我国经济新常态和社会发展新拐点，城镇化进程促进了社区人口的增加，也不可避免地会加剧社会矛盾和利益冲突。因此，科学把握社区治理规律，推进社区治理创新，对于维护社区居民的合法利益，促进基层社会秩序稳定和推进城市管理执法体制改革具有重要意义。

本文认为发挥社区在城市管理中的重要作用，要从以下几点着手：

一、加强社区服务型党组织建设，发挥政府在社区治理中的主导作用

（一）加强社区服务型党组织建设，充分发挥党组织在基层社会治理中的领导核心作用

党的十八大报告制定了加强基层服务型党组织建设的部署。面对新形势新任务，必须不断创新思路，建立健全长效机制。

首先，强化党的领导为根本保证。建立健全党的基层组织建设的领导责任制和党的基层组织建设等具体制度，合理分配社区党组织的工作力量。其次，凝聚组织和党员力量为基础保证，发挥社区党组织的领导核心作用，不断传递"正能量"，使党员和群众紧密团结在社区党组织的领导核心周围。最后，以服务党员群众为根本目标，建立服务群众工作站点，开展零距离服务，做到精准服务。同时，注重从严治党，夯实党的执政基础和群众基础。

（二）发挥政府在基层社会治理中的主导作用

社区治理需要多元主体良性互动，以达到优势互补、合作共治的格局，而政府是社区治理的主导者，在基层治理中承担着主导作用。

首先，政府职能部门要站在城市经济协调发展的高度，科学设计社区长远规划和建设目标、健全政策法规、推进法治政府建设。其次，加快职能转变，建设服务型政府。强化社区综合治理服务功能，培养居民社区意识，支持和配合社区自治组织开展社区服务，改进并创新社会治理体制。最后，协调社区党组织、居民委员会、社区自治组织等各类组织，整合各方资源，树立居民对社区的认同感、归属感和参与感，建立党政齐抓共管、多部门配合、全社会参与的协调联动机制，构建社会主义和谐社区。

二、依法建立社区公共事务准入制度，增强社区自治功能

（一）依法建立社区公共事务准入制度

依法建立社区公共事务准入制度，能够清晰界定政府与社区居委会的职责，理顺社区工作关系，减轻社区负担。

首先，准入事项必须经过依法核准，明确准入审批范围及对应的法律、法规条目来源，严格社区公共事务审批程序，推进社区治理法治化。其次，所申请准入的事项必须以服务便民为宗旨，以简化行政手续为原则。再次，对确需进入社区居委会的事项需经过统一审核同意，并纳入准入名录并向社会公开。对未纳入准入目录的，社区有权拒绝承担。最后，准入单位必须做好准入事项的经费和人员保障工作。对于长期性工作或在社区设置机构的，由准入单位负责安排办公经费或给予补贴，有必要配备工作人员的，要落实人员支出；临时性工作的，由准入单位根据工作量下拨工作经费，由社区组织人员承办。

（二）充分发挥社区居委会作用，增强社区自治功能

党的十八大明确指出，要在城乡社区治理、基层公共事务和公益事

业中，实行群众自我管理、自我服务、自我教育、自我监督。

首先，明确政府各部门与社区之间的关系，探索社区管理和运行机制，简政放权，开展社区居委会的"减负"工作。其次，强化社区民主自治，提升社区建设水平。把民主选举、民主决策、民主管理和民主监督的实践贯穿于社区建设的全过程和各方面。健全民主监督机制，实现民主监督规范化和常态化。最后，构建社区建设考核指标体系，积极探索基层管理体制改革的新路子，推动社区自治，顺应城市管理执法改革新需求。

三、加强社区社会工作人才队伍建设，提升自治管理服务水平

（一）充分发挥社会工作者等专业人才的作用

社区治理，归根到底是协调人与人之间的关系，核心在于坚持以人为本，因此，关键要打造一支强有力的、高素质的、真正服务居民群众的人才队伍。

首先，培养社会工作人才的社会性、服务性和专业性意识，提高为民服务的水平。其次，完善社会工作人才的继续教育制度，定期开展专业培训，构建分层级的人才队伍梯队建设，保证人才队伍建设的可延续性。最后，分类管理社会工作人才，健全社会工作专业人才考核制度和薪酬保障机制，激发其积极性及奉献精神，推进社会工作者的职业化和专业化。

（二）培育社区社会组织，完善社区协商机制

培育社区社会组织，首先要整合社会资源，拓宽社区资金和社会力量多元投入渠道，加大财力支持。其次引导社区社会组织参与社区治理和协调工作，推进社区服务可持续性发展，最终实现政府治理和社会自我调解、居民自治良性互动。

完善社区协商机制，首先要完善和创新社区协商规则。借助社会工

作专业人才进行创新设计，用制度保障使协商民主在实践中的良好运转。其次，构建社区协商体系，包括协商主体、协商内容、协商程序、协商效力、监督问责等制度化方式。最后，探索基层党建创新、群众路线、社区协商三者之间有机融合的制度化协商方式，把党的领导作用变成组织引导群众实行自我管理、自我服务、自我监督的过程，变成了解民情、集中民智、改善民生的治理过程。

四、推动制定社区居民公约，
完善社区公共服务设施建设

（一）推动制定社区居民公约，促进居民自治管理

首先，社区居民公约是以社会主义核心价值观为总揽，依据国家相关法律法规，因地制宜结合本社区实情制定，要体现鲜明特色性、自治性和可行性。其次，要坚持公平、公正、公开的原则，由社区居委会提议，经社区居民投票表决通过，内容要尽量涉及居民物质和精神生活的方方面面，形式尽量简化，保证朗朗上口。最后，要张贴到各居民小区，并发放至居民家中，倡导居民自觉遵守公约。对于违反公约条目的，应对涉事方采取相应的处罚措施，维护公约的约束力。

（二）完善社区公共服务设施建设，打造方便快捷的生活圈

首先，社区公共服务设施的规划、购置及管理应有严格的流程制度，要以社区居民生活快捷便利为中心，保证公共服务设施的功效性。其次，分层级、有重点地采取购买、置换、改建或者租用等形式配置公共服务设施，争取覆盖社区生活各方面。有效扩大公共设施服务辐射半径，打造居民便捷的物质和精神生活圈，使居民不出社区就能享受到社区生活圈所带来的生活便利。最后，制定相应的社区公共服务设施配备标准，做好前期规划及对外公开招标工程，避免重复建设，提高社区土地资源利用效率，优化整合资源。

五、探索多元现代社区公共服务模式，
　提供惠民便民公共服务

《关于加强和改进城市社区居民委员会建设工作的意见》明确指出，要积极推进社区信息化建设。整合社区现有信息网络资源，探索公共服务新模式，实现数据一次收集、资源多方共享。

首先，社区居委会应借助"互联网+"和国家大数据战略，在"智慧社区"建设基础上推行网格化管理。配备专职的网格管理员及服务人员，建立统一的社区政务管理服务平台，搭建管理职能和服务资源为一体的信息资源基础数据库，推行精准型管理方式。其次，将社区内所有服务设施及服务网点编制成城市管理服务的纸质和电子图册，利用微信、微博宣传及推广。对于无法实现信息化手段的社区或居民，居委会应设置流动服务站点，配置专职的社区工作者或服务志愿者。最后，要充分发挥社区工作者的才智，改善现有服务方法，积极创新社区公共服务新模式。

当前，发挥社区在城市管理中的重要作用，是深化城市管理执法体制改革的必然选择，更是确保"十三五"顺利开局，全面建成小康社会，实现"两个一百年"奋斗目标和中华民族伟大复兴中国梦的战略需求。面对我国现阶段的重要战略机遇期，社区治理模式要改革发展理念，以习近平总书记系列重要讲话精神为指导，以现代技术为手段，提高社区治理的现代化水平。

（李　群、王　宾）

动员公众参与形成多元共治良性互动的城市治理模式

城市治理是国家治理和社会治理的重要基础，城市治理现代化，是国家治理体系和治理能力现代化的重要内容。2015年12月，中央城市工作会议明确指出，要"坚持以人为本、科学发展、改革创新、依法治市，转变城市发展方式，完善城市治理体系，提高城市治理能力"，"要顺应城市工作新形势、改革发展新要求、人民群众新期待，坚持以人民为中心的发展思想，坚持人民城市为人民"。动员公众参与，变"管"理为"治"理，形成多元共治良性互动的城市治理模式，这是党的群众路线在社会治理领域的重要体现，有利于提高人民群众依法参与管理城市事务的能力，维护公众利益，促进城市和谐和可持续发展。

一、城市治理重在公众参与

城市治理理论起源于20世纪70年代兴起的新公共管理运动，该运动旨在对政府与市场、政府与社会、政府与公民这三对基本关系进行反思和完善。全球治理委员会1995年对治理作出如下界定："治理是或公或私的个人和机构经营管理相同事务的诸多方式的总和。"其内涵体现的是政府与市场机制、社会力量合作，也就是政府与社会公众进行合作，更好地促成公共管理的目标。从"管"到"治"，其实质是各方主体的角色转变。政府从"划桨人"变为"掌舵人"，公众由"被管理者"变为"参与决策者"。现代的城市聚集度高，公共性的事务诸多繁杂，是一个复杂的巨系统。只有通过城市治理的直接受益人——公众的参与，充分调动社会公众参与城市治理的积极性、主动性和创造性，多元主体协商共治，才能共同促进、保障和实现城市公共利益。

目前城市治理在一些发达国家已经形成相应的模式。美国突出的是"小政府、大社会"，探索出了市场经济条件下如何调动城市利益相关者共同参与治理城市，较好地解决了城市建设和治理中政府"越位"和"缺位"的问题。日本的特点是注重长远规划，广泛调动社会力量参与城市治理，小区、商铺、停车场等管理职能大多由企业承担。英国的特点是社会自我组织、自我管理能力十分强大，其第六大城市布里斯托市人口仅41万，但社会组织就超过1000个。这些模式尽管各不相同，但核心都是引入多元主体参与城市公共事务，体现了由"政府主治"到"公众参与"的转变，通过多元主体协商共治来达成城市管理和发展的目标。

习近平总书记在中央城市工作会议上指出，要"尊重市民对城市发展决策的知情权、参与权、监督权，鼓励企业和市民通过各种方式参与城市建设、管理，真正实现城市共治共管、共建共享"。当前，推动城市管理走向城市治理已经成为城市政府的共识，各地纷纷开始了对城市治理的实践探索，逐步推进城市公共事务的信息向社会公开，加大公众参与城市治理决策的力度，并进一步推进公众参与治理机制的制度化、程序化和规范化。如南京市2012年年底出台了《城市治理条例》，这是我国第一部关于城市治理的地方性法规。它明确了"任何单位和个人有参与城市治理的权利"，并详细规定了公众参与城市治理活动的方式。其突出特点是以法定的形式，让社会公众主动参与城市治理，成立城市治理委员会，由政府官员和市民代表共同商讨决定城市事务，以实现政民合作、共同治理。

二、动员公众参与的三个要点

（一）核心是以人为本

当前，我国正处于社会结构转型的关键时期，全面深化改革的目标就是要让一切劳动、知识、技术、管理、资本的活力竞相迸发，让一切创造社会财富的源泉充分涌流。城市作为经济社会发展和人民生产生活的载体，其发展的根本目的就是改善人民的生产、生活环境，提高生存质量，让城市发展的成果更多、更公平地惠及全体人民。动员公众参与城市治理，就是鼓励社会公众在城市发展领域的"大众创业"、"万众创新"。只有不断创新治理方式、构建科学治理格局，对城市的生产要素进行整合，落实惠民措施，提供便民服务，突出民生优先，减少和消除社会问题，让城市成为市民全面自由发展的空间，才能真正激发公众参与城市治理的热情，增强公众的主人翁意识和治理能力，实现民生民意与社会治理的良性互动，实现城市让生活更美好的目标。

（二）基础是多元主体

传统的城市管理，指的是城市政府作为管理主体，对社会公众单方面自上而下的管控。而城市治理则要求从片面强调政府在社会管理中的单方责任向同时强调政府、市场、公民共同承担社会责任的转变。从社会系统工程的角度出发，城市治理的主体要由单中心向多中心转变，建立起以政府为主导，有营利企业、非营利组织或非政府组织、公民等多元主体参与的城市治理方式。政府需要重新划定自己的职能边界，从管不好和不该管的领域中退出，简政放权，坚持依法行政，建设法治型政府。在城市治理中，主要为社会公众提供优质的公共服务，为多元主体参与城市治理提供良好的平台。而各类组织、机构和公民法人依法、理性、有序地参与城市治理和公共服务，逐步培育自治氛围，形成人民城市人民管的良好局面。

（三）方法是协商共治

习近平总书记在中央城市工作会议中指出，"要坚持协调协同，尽最大可能推动政府、社会、市民同心同向行动，使政府有形之手、市场无形之手、市民勤劳之手同向发力"。要形成多元共治、良性互动的城市治理模式，还要强调多元主体之间的多向度的协商与合作，指向共同的目标，从而达成对城市公共事务的有效治理。城市治理首先强调公民对社会公共事务的自我管理与自治，同时也并不排斥政府对社会公共事务的管理，强调政府与社会的合作共治，实现在城市公共事务上的互联、互补、互动。只不过政府不再是唯一的治理者，而是由政府、企业和社会组织共同形成一个治理体系，这三方力量协商合作，共享权力，共担责任，形成多中心治理方式。

三、动员公众参与的方式方法

（一）畅通公众参与城市治理的渠道

动员公众参与的前提是公民有权通过一定的程序或途径参与与自身重大利益相关的事项和政策的决策活动，从而使该项决策适合广大公众的利益。党的十八届四中全会通过的《中共中央关于全面推进依法治国若干重大问题的决定》中指出："把公众参与、专家论证、风险评估、合法性审查、集体讨论决定确定为重大行政决策法定程序，确保决策制度科学、程序正当、过程公开、责任明确。"政府和城市管理相关部门应当按照规定采用便于公众知悉的方式，公开有关行政决策、行政执法、行政裁决、行政监督等城市治理的信息。同时，将把公众参与作为城市发展重大行政决策的法定程序，明确公众参与城市治理的范围、权利和途径，形成相关制度固化下来，用法律来保障公众参与城市管理决策的制定、实施和监督。目前，我国在城乡规划、环保、物价等多个领域逐步加大了公众参与的力度，还需要进一步扩大范围。通过加强政策引导，逐步依法规范，来不断增强公众参与城市治理的意识和能力。

（二）倡导城市管理志愿服务

动员公众参与城市治理需要有一定的活动形式，其中志愿服务是发动公众参与城市生活、服务城市发展的有效途径。志愿服务已在很多国家都广泛开展，并以其突出的社会效益越来越多受到社会重视。2008年北京奥运会期间，12万名赛会志愿者、40万名城市志愿者、上百万社会志愿者，以其文明、热情、专业的服务为奥运成功举办提供了重要保障，成为北京这个城市最好的名片。在城市管理中，需要公众发扬团结互助的精神。应进一步加大对志愿服务的宣传推广力度，通过全国文明城市创建等活动，不断发展和深化志愿服务的内容和形式。主动邀请媒体对志愿服务活动进行宣传报道，扩大影响，宣传精神，形成日益浓厚的志愿服务氛围。加强对志愿者组织的管理，综合采取物质和精神方面的激励扶持措施，保障志愿者的权益，从而壮大志愿者队伍，使志愿服务延伸到社会各个年龄段、各个层面、各个行业，形成了全社会共同参与志愿服务的良好局面。积极引导志愿者与民间组织、慈善机构和非营利性社会团体之间加强交流合作，创新城市管理志愿服务活动的形式，拓宽服务领域。围绕城市环境、城市生活、市民爱心互助等，定期开展不同主题的系列活动，形成常态化的志愿服务活动。

（三）培育和发展社会组织

动员公众参与城市治理需要有一定的组织形式，其中社会组织是一支重要的力量。改革开放以来，人民群众日益增长的公共服务需求对政府管理和服务模式提出了新要求。通过发挥市场机制作用，由政府向社会组织来购买服务，有效地提高了公共服务供给水平和效率，增强了公众参与意识，激发了社会发展活力。在城市治理领域中，要加快培育一批独立公正、行为规范、运作有序、公信力强、适应社会主义市场经济发展要求的社会组织，特别是服务性、公益性、互助性的社会组织，依法支持和规范其发展。按照突出公共性和公益性原则，逐步扩大承接城市治理方面政府购买服务的范围和规模。大力支持社会组织积极参与政府购买城市公共服务活动。为社会组织充分发挥作用给予政策支持和引导，提升社会组织自主发展、自我管理、筹资和社会服务等能力。加强诚信自律建设，规范服务行为，提高社会组织诚信度和公信力。做好社会组织党建工作，引导社会组织健康有序发展。

（四）健全公众参与机制

动员公众参与需要健全的工作机制，要把扩大公众参与作为推进城市治理机制创新的根本方法，逐步完善相关机制。采取公众开放日、主题体验活动等方式，引导社会组织、市场中介机构和公民法人熟悉、了解进而理解和支持城市管理工作，积极参与城市治理。对关系民生的城市重大事项，通过专家咨询、座谈会、论证会、听证会、网络征询、问卷调查等多种方式广泛听取公众的意见建议。城市政府及相关部门还可以创新机制，采取定期召开联席会议等形式与相关社会组织和公众之间建立经常、有效的沟通和联系。建立健全公众参与城市治理的定期评估评价机制，让公众参与的结果和效果，及时得到反馈，以期真正激发各方参与城市治理的积极性，从而形成多元共治、良性互动的城市治理模式。

（朱宇玉）

努力提高市民的文明意识

城市是文明的发源地。一个文明的城市，不仅要有发达的社会经济、完善的城市设施、有序的环境秩序，还要求市民具有良好的思想文化素质、精神风貌和社会道德风尚。市民的文明意识是文明标准和行为规范在市民头脑中的反映，没有文明意识的形成，就不会有文明行为。《指导意见》从培育和践行社会主义核心价值观、深化文明城市创建、开展新市民教育和培训、开展城市文明主题宣传教育和实践活动、加强社会诚信建设等方面，就如何提高市民文明意识提出了明确要求。对此，可以从以下几个方面来把握。

一、充分认识提高市民文明意识的重要性和紧迫性

以人为本，满足人民群众日益增长的物质文化需要，是城市规划建设管理的出发点和落脚点。一方面，高水平的城市规划建设管理有助于提高市民素质。一个城市的环境、卫生、秩序能够直接影响人的行为，比如在干净整洁、环境优美的天安门广场，很少会有人随地吐痰，反之在环境欠佳的城乡接合部，人们往往会随手丢弃垃圾。这说明，环境对人的行为有潜在的约束作用。高水平的城市规划建设管理，能够在为城市发展提供良好的物质基础、满足市民多样化的物质文化需要的同时，对市民行为方式、生活方式的规范和优化形成激励和约束，并形成市民自觉遵守的文明行为规则。另一方面，市民的文明素质也会制约城市的规划建设管理水平。城市因人而生，人是城市的主体。市民文明意识的提高与城市经济发展、社会稳定、文化繁

荣、环境优美有着千丝万缕的联系，对城市规划建设管理水平的提升有巨大的制约作用。市民素质越高，城市规划建设管理的效率越高、成本越低、效果越好。特别是在城市管理领域，只有市民的文明意识普遍提高，城市管理才能由少数人的职责变为多数人的自觉行动，走向全民参与的城市治理。反之，如果没有高素质的市民，陈规陋习、不良生活习惯、自由散漫行为和各类违法违规行为普遍存在，城市管理只能在低层次、低水平阶段艰难运行。

二、提高市民文明意识应当大力培育和践行社会主义核心价值观

2014年2月，习近平总书记在中共中央政治局第十三次集体学习时强调，要把培育和弘扬社会主义核心价值观作为凝魂聚气、强基固本的基础工程，继承和发扬中华优秀传统文化和传统美德，广泛开展社会主义核心价值观宣传教育，积极引导人们讲道德、尊道德、守道德，追求高尚的道德理想，不断夯实中国特色社会主义的思想道德基础。社会主义核心价值观是社会主义核心价值体系的内核，体现社会主义核心价值体系的根本性质和基本特征，反映社会主义核心价值体系的丰富内涵和实践要求，是社会主义核心价值体系的高度凝练和集中表达。"富强、民主、文明、和谐"，是我国社会主义现代化国家的建设目标，也是从价值目标层面对社会主义核心价值观基本理念的凝练，在社会主义核心价值观中居于最高层次，对其他层次的价值理念具有统领作用。"自由、平等、公正、法治"，是对美好社会的生动表述，也是从社会层面对社会主义核心价值观基本理念的凝练。它反映了中国特色社会主义的基本属性，是我们党矢志不渝、长期实践的核心价值理念。"爱国、敬业、诚信、友善"，是公民基本道德规范，是从个人行为层面对社会主义核心价值观基本理念的凝练。它覆盖社会道德生活的各个领域，是公民必须恪守的基本道德准则，也是评价公

民道德行为选择的基本价值标准。《中共中央办公厅关于培育和践行社会主义核心价值观的意见》（中办发〔2013〕24号）明确指出，"把培育和践行社会主义核心价值观融入国民教育全过程"。提高市民文明意识，应当把培育和践行社会主义核心价值观作为城市文明建设的根本任务，融入国民教育和精神文明创建全过程，引导市民自觉将社会主义核心价值观融入日常工作生活之中，转化为内在的自觉行动，促进形成良好的社会公德和社会风尚。

三、提高市民文明意识应当以文明城市创建活动为抓手

文明城市作为社会文明、社会和谐的聚焦，在根本上标示着人类社会的发展所达到的一种和谐、文明状态。从2005年10月中央精神文明建设指导委员会评选表彰第一批全国文明城市以来，全国文明城市称号已经成为国内城市综合类评比中的最高荣誉和含金量最高的城市品牌，文明城市已经成为引导我国城市化、现代化建设的理想范式，文明城市创建活动已经成为全面推动和提升城市整体文明水平的重要抓手。同时，提高市民文明意识也是城市文明建设的当务之急。市民的文明意识和文明素质不仅代表个人修养，更代表城市形象乃至国家形象，一言一行都反映出国家、民族的文化素质。有的人社会公德意识淡薄，不讲文明礼貌，不尊重他人，不诚实守信，不互帮互助；有的公共秩序意识淡薄，在公共场所不讲秩序、大声喧哗、高声谩骂、随地吐痰、乱闯红灯；有的人公民意识淡薄，社会责任感缺失，破坏公共财物、损害集体利益的行为时有发生，对影响城市秩序、城市安全的问题视而不见、漠不关心；有的人法制意识淡薄，对法律法规缺乏应有的敬畏之心，有法不依、爱钻法律空子，诸如无照经营、乱停乱放、乱搭乱建、乱贴乱画等违法违规行为屡禁不止。部分市民出国旅游过程中的不文明行为甚至已经影响到了国家和民族形象。有的人不懂出境文明旅游常识，在景区、酒店、车厢等公共场所大声喧哗，强行拉外国人合影拍照；有的人缺少

公共秩序意识，乱扔垃圾，踩踏绿地，摘折花木果实；有的人欠缺文明礼仪修养，在路边长椅上脱鞋脱袜、在公共场所袒胸赤膊，争抢拥挤，甚至因航班延误发生冲突。这些不文明行为引发了当地市民对中国游客的不满，许多景区甚至贴出中文标语提醒中国游客。这种状况亟待改变。各地应当以文明城市创建活动为抓手，着力打造"城市让生活更美好"的生活环境、政务环境、人文环境和生态环境。在文明城市建设过程中，还应当充分发挥各级党组织和工会、共青团、妇联等群团组织的作用，广泛开展城市文明主题宣传教育和实践活动，不断提升市民文明素质和城市文明程度。

四、提高市民的文明意识应当广泛开展城市文明教育

开展城市文明教育，既是时代发展的必然要求，更是城市发展的现实需要。首先，应当从儿童和青少年抓起，并形成家庭、学校、社会"三结合"的教育网络。儿童和青少年时期是人一生道德品质形成的关键时期，加强儿童和青少年的文明教育，对于促进儿童和青少年健康成长，形成良好的城市意识、法律意识和公德意识具有重要作用。家庭是人们接受教育最早的地方，家庭教育在未成年人思想道德建设中具有特殊重要的作用。学校是进行文明教育的重要阵地，良好的学校教育既要帮助学生形成系统的知识结构，还要形成正确的世界观、人生观，认识社会、了解国情，增强社会责任感。社会是进行文明教育的大课堂。党政各部门、社会各方面在市民文明教育中负有义不容辞的责任。各级教育行政部门和学校要在完善教育体制机制、提高办学水平的同时，全面开展社会公德、环境保护、交通规则、公益帮扶、安全避险等各类文明教育活动，并担负起指导和推进家庭教育的责任。党政机关、企事业单位和社区等基层单位应当关心职工、居民的家庭教育问题，教育引导职工、居民重视对青少年特别是学龄前儿童的思想启蒙和道德品质培养，引导家长以良好的思想道德修养为子女作表率。只有通过有机融合良好

学风、优良家风和社会新风，才能形成覆盖个人成长从学校到社会不同阶段并融于工作生活各方面的市民文明教育体系，培养和造就高素质市民。其次，应当突出对新市民的教育培训。新市民是我国城市建设的生力军，理应享受城市居民同等的权利和待遇。但是由于历史的原因，他们一直戴着"外来者"、"农民工"的帽子，难以得到平等公正的待遇。一方面，他们虽然走出了农村，但传统农民的身份、价值观念、工作方式和生活方式并没有随身份的转变而改变，在思想观念、文明素质、就业技能上与现代市民的要求相差甚远，很难融入城市生活。另一方面，他们对城市生活充满期待和向往，对城市认同程度较高，日益接受城市生活方式，愿意常年留在城市生活，对享受市民待遇期待较高。新市民教育是一个长期复杂而又艰巨的渐进过程，需要社会各界长期不懈的共同努力。目前，新市民教育工作已经引起了各级党委、政府的高度重视，在落实市民待遇方面出台了一系列政策措施，取得了初步成效。但是，新市民流动性相对较大，受教育程度不均衡，仅靠短时间开展一些教育、培训活动远远不够，还应当依托街道、社区，通过设立新市民学校、编写市民手册、加强社区服务等方式，帮助新市民尽快熟悉城市生活规则，适应城市生活方式，提高城市生活所必需的综合素质，增强对城市的归属感、认同感、责任感。

五、提高市民的文明意识应当
加强社会诚信建设，以他律促自律

提高市民的文明意识，应当重视营造文明的社会环境，坚持将公约引导、信用约束、法律规制相结合，用文明的环境来塑造人，用社会的公德来培育人，用严格的法律来约束人，以他律促自律。一要建立市民行为规范。市民行为规范是市民在城市公共生活领域中必须遵守的道德规范和行为准则，它不仅约束和规范人的行为，告诉人们应该做什么、不应该做什么，而且更是一种精神引领和道德教化，告诉人们应该成为

什么样的人、不应该成为什么样的人。习近平总书记在中共中央政治局第十三次集体学习时指出："要按照社会主义核心价值观的基本要求，健全各行各业规章制度，完善市民公约、乡规民约、学生守则等行为准则，使社会主义核心价值观成为人们日常工作生活的基本遵循。"市民行为规范不仅是一套市民公共行为习惯导向体系，更是一套市民公共行为选择的命令体系。建立市民行为规范，有助于强化市民在公共生活中的法治意识和规则意识，有助于推进德治与法治的有机结合，既为市民进行价值判断和行为选择提供一定的标准和尺度，也使市民在遵循规范的同时强化规则意识和纪律精神。各地应当通过引导广大市民自觉践行具体文明行为规范，一点一滴地培养良好的文明素质，并持之以恒，久久为功。二要加强社会诚信建设。社会诚信是构建和谐社会的基础条件，也是城市文明的重要内容。各地应当加强诚信教育，大力培育信用文化和信用道德，在全社会广泛形成守信光荣、失信可耻的氛围。例如，积极开展内容丰富、形式多样的诚信主题活动，普及信用文化和知识，倡导诚实守信的社会风尚，大力培养社会诚信意识，宣传弘扬中华民族传统诚信美德，树立个人诚信价值观，不断提高市民道德素质。通过加强信用道德教育、挖掘优秀信用道德传统、树立信用道德模范、创建信用道德大环境等多种方式强化市场主体的道德信用观念和信用意识，使讲道德守信用成为社会生活中人们的一种自觉的追求。加强公务员、律师、会计师、教师、工程师、医生、学生等重点人群的信用建设，带动全社会诚信意识的不断提升。三要完善法律规范，增强市民守法意识。当前，我国城市规划、建设、管理领域的立法工作还相对滞后，特别是在城市管理领域，城市管理和执法的法律法规亟待出台，《城市市容和环境卫生管理条例》亟待修订，规范城市管理和执法行为的标准规范体系和政策制度体系亟待建立。与此同时，市民的守法意识也亟待增强。与发达国家市民相比，我国市民普遍存在学法信法意识不强、法律权利意识和依法维权意识不足、责任义务意识欠缺、主动守法意识不浓等突出问题。市民之所以遵守法律，主要是基于服从意识和消极功利意识，是因为害怕暴力制裁或经济损失。各地应当在完善法律法规的同时，加强以促进社会公平正义为核心的法治建设，大力发展现代法治文化，提高市民的法治观念和守法意识，为全面提高市民的文明意识打下坚实基础。

（董红梅）

完善保障机制

健全城市管理执法法律法规

《指导意见》在完善保障机制方面，首先提出的保障机制就是健全法律法规。在全面推进依法治国战略大背景下，更是深入推进城市执法体制改革与改进城市管理工作的重要保障。所以，城市管理和执法方面的立法工作应当加强，而不是维持现状，更不是削弱。健全城市管理执法的法律法规，主要有以下几个方面：

一、发挥立法对改革的引领和规范作用

《指导意见》的主要内容是城市执法体制改革。既是改革，当然就得循"变"。而法律法规则是求"稳"，即不变。如何正确处理好改革之"变"与法律法规之"稳"的关系？主要有两种方式：一是变法之改革。即在改革之前先修改法律规定，然后再按照修改的法律内容与要求进行制度改革和实践改革，使改革与法律法规一致起来。二是授权之改革。即一些制度内容的改革先采用立法授权的方式先行先试，在授权范围内改革，因为这是立法授权允许的改革，于法有据，于权有据。在此基础上，将改革成果固化于法律保障。即改革探索成型后通过立法固化改革成果，并上升为法律法规的一般性规定，使得进一步全面推进改革获得法律的引领、规范和保障。

通过上述两方式，可以实现发挥立法对改革的引领、规范和保障作用。所以，必须放弃过去那种改革与法律法规之间彼此无关或者相互冲突的错误认识和做法。在城市执法体制改革方面，首先要发挥好立法对城市执法体制改革的积极作用，实现深化城市执法体制改革与法治保障的有机统一。就城市执法体制改革而言，具体有如下两个方面：

一是变法改革。当前的城市执法体制与城市管理工作，是以往和当前法律法规规章规定之下逐渐形成的体制和制度。在《指导意见》中提出了较为丰富的改革内容和推进城市管理工作的新要求、新路径。这些改革和新要求在现行法律法规规章中没有规定，需要在改革中订立、修改相应的法律规定。使得城市执法体制改革和在《指导意见》指导之下改进城市管理工作于法有据。

二是授权改革。城市执法体制和城市管理工作中的很多重要制度，是既成制度，是在现有规定基础上定型的。有些既成制度与《指导意见》的要求不完全一致，需要按《指导意见》重新界定修改这些制度，都通过新立法完成改革，恐一时难以做到。有些既成制度的改革完全可以通过授权改革的方式来实现。例如，城市管理执法机构的性质，各地不尽相同。《指导意见》要求统筹解决好机构性质问题，具备条件的应当纳入政府机构序列。

二、完善配套法规和规章

随着我国新型城镇化的大力推进，城市在国家治理中所占份额越来越大，地位越来越高，作用越来越重要。过去，我们在城市建设管理中，重建设轻管理和服务的现象不同程度存在。今天，城市的管理和服务已经越来越凸显其不可忽视的重要作用，重管理重服务应当成为新型城镇化重要内容和方向。而要搞好城市管理和服务，就必须强化法治在城市管理和服务中的作用。依法管理城市，依法执法，依法规范服务。城市管理法治化的基础就是立法。没有城市管理的法律，就谈不上城市管理法治化。城市管理没有系统的法律，也谈不上城市管理完善的法治。

因此，围绕着《指导意见》确定的城市管理执法事项，加快制定城市管理执法方面的地方性法规、规章。就《指导意见》确定的城市管理执法事项范围，进行立法框定。

立法的现状，是在上述事项范围内，法律和行政法规多有规定。但这些规定一般都比较原则、概括，有些事项甚至没有规定。这就需要地方立法跟进，形成与法律、行政法规配套的地方性法规和地方政府规章。如果属于法律、行政法规有原则规定而缺乏具体规定的，地方立法应当制定细化的、可操作性规定。例如，国家层面有《中华人民共和国规划法》，对违法建设治理有原则性规定。但对如何监督检查违法建设，如何暂停违法建设施工，如何进入违法建设施工现场等缺乏更具体的规定。这就需要地方立法作出更加明确和具体的规定，便于管理和执法操作。另外，如果属于法律、行政法规没有规定的事项，地方立法可以根据需要和权限制定。例如，最近几年在很多城市出现的养犬现象，国家层面的法律、行政法规就没有规定，地方立法应当"打补丁"，管理与规范养犬行为和相应责任。

地方立法的配套，还有一个重要的内容，就是按《指导意见》推进城市执法体制改革后，需要在新的体制和方向下，明晰城市管理执法范围、程序等内容，规范城市管理执法的权力和责任。《指导意见》确立的城市执法体制改革目标，是建立大部门制综合执法体制。这个体制，既不同于部门分割的行业执法体制，也不等同于现行的相对集中行政处罚权体制。不仅如此，《指导意见》还明确了市级城市管理部门主要职责范围，在设区的市推行市或区一级执法，推动执法事项属地化管理，等等。这种左右上下执法体制的改革，势必需要调整和重新划分城市管理执法各自的职责权限范围，以及规范执法要求下的新执法程序。无论是执法机构的职责权限，还是执法程序，都是需要地方立法予以明确规范的。

三、全面清理法律法规

清理法律法规，是一项重要的基础性工作。《指导意见》明确提出了全面清理城市管理执法方面的法律法规的要求，加强法律法规之间的衔接。为什么要全面清理法律法规？原因有二：一是城市管理执法领域存在"政出多门"现象，其中涉及二十几个部门事项的管理，法律文件之间"打架"，影响管理与执法效果。二是即将推行的城市管理执法体制改革与现行的一些法律文件规定不吻合，应当予以修订清理，使之衔接一致。清理好城市管理执法方面的法律文件主要表现在以下两个方面：

一是以改革的内容统一法律文件的内容。凡是与改革精神、原则、方向等这些重要内容不相符的规定，都应当清理掉，即全面清理现行法律法规中与推进城市管理执法体制改革不相适应的内容。

二是用立、改、废、释、停等方式清理法律文件。所谓立，就是立法、制定法律文件，加快制定相应的法律规定，建章立制。所谓废，就是废止不相适应的法律文件和法律规定。所谓释，就是通过法律解释方式进一步补充或完善现有的法律规定，使之与改革相适应。所谓停，就是停止或部分停止影响改革工作推进的法律规定，给城市管理执法体制改革和改进城市管理工作留有足够的法律空间。应当说，清理的方式方法是多样的，各地可以根据具体情况，采用合法有效方式，积极推进法律法规清理工作。清理法律文件工作以后应当成为常态，要定期开展规章和规范性文件清理工作，不断加强法律法规之间的衔接。

四、健全完备的标准规范体系

《指导意见》提出，要加快制定修订一批城市管理和综合执法方面的标准规范，形成完备的标准规范体系。实事求是地讲，对从事建筑设计施工等技术工作的人来讲，标准是最基本的，也是很熟悉的。例如，有建筑制图统一标准、结构标准、安全规范标准、给水排水标准、电气标准等。正是这些标准规范体系，才使得各式各样的建筑施工变得有规所循，从而实现建筑施工的安全、实用、协调和美观。如果成千上万的设计与施工人员各有各的标准，各用各的"传统"，那么建筑施工的安全、实用、协调和美观就无以保障，无法实现。如今，《指导意见》

要求在城市管理和综合执法方面也要形成完备的标准规范体系，以体现管理和执法的规范化、标准化和精细化。这种城市管理和综合执法方面的标准规范，是一套庞大的制度体系，各地方政府和城市管理与综合执法部门需要通过坚持不懈的努力，逐步建立健全这套完备的标准规范体系，构建城市管理和综合执法的标准化"法典大全"。

在城市管理和综合执法的方方面面，有些领域已经有一定的标准规范，有些领域则不够完善不够合理，有些领域甚至没有标准规范，因此，随意性、人为性、选择性执法才会有生存的空间。所以，高度重视和大力推进标准规范体系建设，是改进城市管理和推行综合执法的一项基础性、重要性工作。粗放式的管理已经不能适应现代城市管理的需求，也不能满足人民群众对公开公平公正执法的需求。应运而生的就是精细化的管理、现代化的管理。所以，在《指导意见》指导之下，要健全标准规范体系，推进标准规范工作，诸如垃圾运输堆放的标准规范，建筑施工现场管理的标准规范，食品餐饮烟尘控制的标准规范，摊贩设置管理的标准规范，综合执法程序的标准规范，查扣财物的标准规范，现场监督检查的标准规范，等等。

（杨小军）

加强城市管理和执法经费保障

经费保障是确保城市管理工作健康发展的基石。《指导意见》将加强经费保障作为推进城市执法体制改革、改进城市管理工作的重要举措，从健全城市管理经费保障机制、建立城市管理经费增长机制、严格经费管理、加大财政支持力度等方面提出了明确要求，为如何加强城市管理和执法经费保障指明了方向。

一、健全责任明确、分类负担、收支脱钩、财政保障的城市管理经费保障机制

近年来，城市政府对城市管理和执法工作的重视程度日益提高，投入力度逐渐加大，为改善城市环境面貌、提高城市运行质量提供了基础保障。但也应当看到，现行经费保障机制中也存在一些不容忽视的问题。有的城市未将城市管理和执法经费纳入财政预算，仍然实行差额拨款、自收自支或罚没返还，基层执法人员为经费而罚款，乱收费、乱罚款、暴力执法、选择性执法等许多乱象都与此有关；有的城市"重建设、轻管理"，城市管理经费投入不足，造成城市管理部门在市政公用设施运行管理、市容环境卫生管理、便民服务管理等方面捉襟见肘，城市公共服务功能和效果大打折扣，市民对此意见较大；有的城市对城市管理执法的定位存在偏差，在城市管理执法人员、装备、技术等方面投入不足，个别城市连必要的执法车辆和装备都无法保障，严重制约了执法工作的开展，也影响了执法人员的积极性，等等。针对这些问题，《指导意见》对如何健全城市管理经费保障机制提出了明确要求。责任明确，就是要按照党的十八届三中

全会通过的《中共中央关于全面深化改革若干重大问题的决定》要求，建立事权和支出责任相适应的城市管理和执法经费保障制度。城市管理主要是地方事权，城市各级财政要按照城市管理职责分工，科学界定、切实承担相应的支出责任，实现财力与事权相匹配。市级财政还应当设立专项经费，用于处置跨行业、跨部门的重大城市管理问题、应对城市管理突发事件、促进城市管理科技创新等所需经费支出，并制定市对县（区）的投入补助政策，采取"以奖代补"等形式，对城市管理职责落实情况进行考核奖惩，调动各级各有关部门的积极性。分类负担，就是科学划分城市管理和执法经费项目，根据不同区域、不同层级城市管理和执法工作特点，确定各级政府的保障范围和责任。例如，城市管理经费包括人员经费、公用经费、城市基础设施和公共服务设施运行管理经费、业务装备经费等类别，城市管理执法经费包括人员经费、公用经费、执法装备经费等类别。收支脱钩、财政保障，就是将城市管理和执法经费纳入同级财政预算，预算和开支都与罚没款收入无关。城市管理执法经费应当由财政全额负担，受财力影响无法全额负担城市管理经费的，应当实行财政负担为主，其他渠道为辅，并随着财政状况好转逐步过渡到财政全额负担。

二、建立城市管理经费增长机制

我国城镇化发展正以平均每年1~2个百分点的速度快速推进，城市规模和人口不断扩大，城市管理和执法事项不断增加。但是，许多城市的城市管理和执法经费基数却多年保持不变。有的城市建成区面积扩大了几倍，人口数量翻番，城市管理标准不断上升，但是城市管理经费标准没有大的变化，城市管理执法人员的数量没有明显增加，装备水平没有明显改善，导致市政公用、园林绿化、市容环卫等管理水平难以提升，影响市容环境秩序的各类违法行为得不到及时查处，最终影响了城市发展的整体环境，破坏了城市形象。近年来，许多城市已经意识到这个问题，开始探索建立城市管理经费增长机制。例如，2007年5月，四川省自贡市人民政府出台《关于进一步加强城市管理工作的意见》，提出城市管理经费要随城市建设加快、规模扩大、任务增加、养护标准提高和管理手段更新而适度稳定增长。2013年2月，湖北省武汉市出台《武汉市城市综合管理条例》，规定市、区人民政府应当加大城市管理投入，使城市管理工作与城市建设、经济发展、社会发展相协调，将城市管理专项管理工作经费列入本级财政预算，并随着管理任务增加、养护标准提高和管理设施更新保持稳定增长，实现足额保障。2014年5月，江苏省南京市人民政府出台《关于建立健全城市管理长效机制的意见》，要求建立稳定的城市管理经费增长机制，合理调整城市维护有关定额标准。2015年12月，山东省日照市出台《日照市城市管理暂行办法》，要求建立健全市、区、街道三级财力支撑体系和投入增长机制，将城市管理经费列入本级财政预算，保障城市管理工作需要。这些经验值得各地学习借鉴。城市政府应当综合考虑城市规模扩张、养护管理标准的提高、设施投资及资金成本增加、作业成本上升、人员工资提高、物价上涨等因素，合理确定并定期调整城市管理经费标准和定额标准，建立适度稳定的城市管理经费增长机制，确保城市管理经费投入满足城市管理工作需要，与城市发展速度和规模相适应。

三、严格执行罚缴分离、收支两条线制度

我国通过立法正式确立了罚缴分离、收支两条线制度。1996年10月1日起施行的《中华人民共和国行政处罚法》第四十五条明确规定，"作出罚款决定的行政机关应当与收缴罚款的机构分离"。1997年11月，国务院出台的《罚款决定与罚款收缴实施办法》第四条规定，"作出罚款决定的行政机关应当与收缴罚款的机构分离；但是，依照行政处罚法的规定可以当场收缴罚款的除外"，"罚款必须全部上缴国库，任何行政机关、组织或者个人不得以任何形式截留、私分或者变相私分。行政机关执法所需经费的拨付，按照国家有关规定执行"。1998年8月，财政

部等五部门联合下发《关于行政事业性收费和罚没收入实行"收支两条线"管理的若干规定》，明确要求，具有执收执罚职能的单位根据国家法律、法规和规章收取的行政事业性收费（基金）和罚没收入，属于财政性资金，均应实行财政"收支两条线"管理。2002年，《国务院关于进一步推进相对集中行政处罚权工作的决定》、《国务院办公厅转发中央编办关于清理整顿行政执法队伍实行综合行政执法试点工作意见的通知》也明确规定，严格实行罚缴分离、收支两条线制度，罚没收入要全额上缴财政，行政执法经费由财政予以保障。2014年，党的十八届四中全会通过的《中共中央关于全面推进依法治国若干重大问题的决定》再次强调，严格执行罚缴分离和收支两条线管理制度，严禁收费罚没收入同部门利益直接或者变相挂钩。但是，据统计，全国3074个县级以上地方政府城市管理部门中，仍有9.6%的经费来源为差额拨款、自收自支或罚没返还。其中，116个地区为差额拨款，78个为自收自支，7个为罚没返还，92个存在多种经费来源。有些地方仍然给城市管理部门下达收费或罚款指标，城市管理部门上缴的收费及罚没收入仍然与财政下拨经费的多少密切相关。正是在这种不合理的制度和经济利益的驱使之下，一些执法人员为了完成罚款指标，乱收费、乱罚款，甚至暴力执法、引发群体性事件，严重影响了党和政府的形象。这个问题必须引起各级政府和城市管理部门的高度重视。罚款是行政处罚的一种方式，它不仅仅是一种法律制裁，还兼有惩戒与教育的双重功能。处罚不是目的，而是手段，决不能将行政处罚权力与部门利益挂钩，或者把加大罚款额度、增加部门收入作为执法目的。各地应当将进一步完善相关制度规定，严肃责任追究，确保罚缴分离、收支两条线制度落到实处。

四、因地制宜加大城市管理资金投入力度，
保障执法工作需要

目前，许多城市政府对城市管理执法方面的财政投入不足，导致城

市管理执法队伍基础建设非常薄弱、办公条件差、执法装备差、后勤保障差、科技水平低，无法满足城市管理执法工作的实际需要。通过调研发现，许多基层城市管理执法机构连固定的办公场所都没有，更无力配备专业化、信息化的执法装备。由于没有主管部门，也没有相关的政策规定，城市管理执法车辆无法列入行政执法车辆编制。许多城市在公车改革过程中，严格限制城市管理执法车辆的采购、更新，有的甚至将城市管理执法车辆作为普通公务用车管理，严重影响了执法工作的正常开展。同样，由于没有相关的政策规定，基层城市管理执法人员在常年加班加点、常年从事户外执法执勤任务的情况下，却无法享受岗位津贴和加班补贴，也难以开展必要的教育培训工作，严重影响了城市管理执法队伍的稳定和工作积极性。另外，2005年以来，住房城乡建设部一直在全国范围内大力推广数字化城市管理系统。但是，截至目前全国仅有1127个市、县建成了数字化城市管理系统，占总数的36.7%。这与习近平总书记提出的"充分运用现代信息技术，加快形成与城市发展要求相匹配的城市管理能力"的要求和《国家新型城镇化发展规划（2014—2020年）》"发展数字化城市管理，构建智慧城市公共信息平台"的规定尚有很大差距。因此，各地应当按照《指导意见》要求，因地制宜加大对城市管理和执法工作的财政支持力度，统筹使用有关资金，增加对城市管理执法人员、装备、技术等方面的资金投入，保障执法工作需要。

（张　斌）

加强城市管理执法公安保障

随着我国新型城镇化进程的快速推进，城市管理执法工作面临的环境日益复杂，违法当事人妨碍城市管理执法人员执行公务、暴力抗法等问题时有发生，不仅侵害了城市管理执法人员的身体健康和人身权利，更干扰和破坏了正常的城市管理执法秩序，影响了执法工作的正常开展。特别是在城市管理执法体制不顺、法律法规不健全、执法力量相对薄弱、执法手段相对单一的情况下，城市管理执法工作面临的阻力和压力越来越大。针对这个问题，《指导意见》提出，公安机关要依法打击妨碍城市管理执法和暴力抗法行为，对涉嫌犯罪的，应当依照法定程序处理。这充分体现了党中央、国务院对城市管理执法工作的高度重视，也为解决城市管理执法难问题提供了重要的政策保障。对此，我们应当从以下几个方面来把握：

一、充分认识加强城市管理执法
公安保障的必要性和紧迫性

城市管理执法工作的性质和所面临的执法环境决定了城市管理执法公安保障工作的必要性和紧迫性。一方面，城市管理执法工作涉及面广，执法事项多。近年来，随着城市管理执法工作的深入开展，各地城市管理执法机构承担的执法职责范围不断扩大，执法事项不断增多。这些执法事项与市民的生产、生活密切相关，许多还面临复杂的社会矛盾和大量的历史遗留问题，执法工作必然触及违法相对人的切身利益，容易引发其抵触情绪，并成为激发相关矛盾的导火索。另一方面，城市管

理执法工作面临严峻的治安形势。近年来，违法相对人妨碍城市管理执法人员执行公务和暴力抗法问题日益严重，并呈现出数量日益增多、暴力程度不断上升等趋势，从个人突发性抗法向有组织集体性抗法发展，从口头谩骂、侮辱向人身伤害发展。据不完全统计，2013年以来，媒体公开报道的城市管理执法人员因公死伤事件多达23起。其中，8名执法人员因公殉职，百余名城市管理执法人员因公受伤。同时，公安机关负有维护城市管理治安秩序的重要职责。《中华人民共和国人民警察法》第六条规定，人民警察的职责包括：预防、制止和侦查违法犯罪活动，维护社会治安秩序，制止危害社会治安秩序的行为等。然而，有些地方的公安机关在处置这些妨碍执行公务或暴力抗法事件时，却将其作为民事纠纷来处理，对违法行为的打击力度明显不足。妨碍城市管理执法人员执行公务和暴力抗法行为具有侵害执法者人身安全、妨害社会管理、扰乱治安秩序、破坏法律尊严的本质属性，有的属于治安案件，有的属于刑事案件，有的甚至可能引发群体性事件，公安机关在预防、查处、处置此类案件上负有不可推卸的法定职责。

　　加强城市管理执法公安保障的重要作用，主要体现在以下三个方面：一是发挥教育和震慑作用，预防和阻止违法犯罪行为的发生。例如，城市管理执法人员在查处违法建设过程中，极易遭遇暴力抗法。公安干警提前介入，控制现场，并通过法律宣传、教育说服和震慑制止，可以有效预防和减少暴力抗法等违法犯罪行为的发生。二是打击违法犯罪行为，维护法律尊严。依法查处妨碍城市管理执法人员执行公务和暴力抗法行为，能够有效维护法律尊严，树立执法机关权威，保障城市管理执法工作有序开展。三是规范执法行为，树立良好形象。公安干警随行办案或联合治理，有助于规范和约束城市管理执法人员的执法行为，减少粗暴执法、随意执法、滥用职权等违规违纪行为的发生，保护执法相对人的合法权益，改善城市管理队伍形象。在城市管理执法实践中，教育和震慑作用体现得尤为明显。

二、及时总结推广各地在加强城市管理执法
公安保障方面的好经验、好做法

据不完全统计，全国超过200个城市建立了城市管理执法公安协助机制。根据对全国100个地级以上城市（4个直辖市、5个计划单列市、8个较大的市、22个省会城市、61个地级城市）的调查分析，47个城市设立了城市管理警察队伍，建立了城市管理执法公安保障机制。目前，主要有以下三种形式：一是公安机关设立专门的城市管理警察队伍。市级公安机关设立专门机构，组建专门队伍，承担保障城市管理执法工作、查处城市管理相关的治安和刑事案件等相关职责。二是公安机关向城市管理执法部门派驻警力。市级或区级公安机关通过设立警务室、派驻公安干警等方式，配合城市管理执法部门开展执法工作，保障执法安全。三是实行公安机关、城市管理执法部门领导干部交叉任职。市级或区级公安机关领导干部兼任同级城市管理执法部门领导职务，推动建立城市管理执法与公安联勤联动工作机制，强化执法保障。例如，湖南省长沙市早在2000年就成立了全国第一支城市管理警察队伍——长沙市公安局城市管理警察支队（加挂公共交通分局牌子）。该支队下设6个大队，每个大队配备15~30名民警，分别派驻各区，主要承担配合、保障城市管理执法工作的相关职责。这种模式受到了国务院法制办的充分肯定和高度评价。陕西省西安市自2005年以来，通过设立西安市公安局城市管理支队，建立公安城市管理执法警务室、交警城市管理执法警务室，实行公安干警、交警与城市管理执法人员随行办案等方式，构建起了覆盖市、区的城市管理执法公安协助机制。宁夏回族自治区银川市公安局于2014年12月成立了全国首家环境和食品药品安全保卫分局（加挂城市管理治安分局牌子），整合分散在银川市公安局各部门的有关环境保护、城市管理、食品药品安全领域的执法职责，将警力分别派驻城市管理、环保、食品药品监督等部门，实行联动执法，并建立起部门联席会议工

作机制。上海市于2014年出台了《关于进一步完善本市区县城市管理综合执法体制机制的实施意见》，明确要求将公安机关保障城市管理执法制度化。区县公安分局分管治安的副局长兼任区县城市管理行政执法局副局长，区县公安机关安排专门力量配合城市管理执法队伍开展执法工作。2015年6月，新修订的《上海市城市管理行政执法条例》明确规定：公安机关与城市管理执法部门以及乡、镇人民政府应当建立协调配合机制。区、县公安机关应当确定专门力量、明确工作职责、完善联勤联动机制，在信息共享、联合执法和案件移送等方面配合本区域内城市管理执法机构开展行政执法工作。

三、建立健全城市管理执法公安保障机制

首先，要明确公安机关在城市管理执法工作中的职责定位。设立专门的城市管理执法公安保障队伍，建立城市管理执法公安协作机制，既不是将公安干警转变成城市管理执法人员并行使城市管理方面的行政处罚权，也不是将城市管理执法人员转变成公安干警并行使警察权，而是加强和优化公安干警警力配备，切实履行保障城市管理执法治安秩序、打击妨碍城市管理执法人员依法执行公务和暴力抗法违法犯罪行为的法定职责。社会各界完全可以消除对城市管理执法人员"警察化"和权力扩张、滥用的担忧。其次，要探索建立城市管理执法公安保障机构和队伍。从各地城市管理执法公安协作机制运行的经验来看，设立专门的城市管理警察机构、组建专门的警察队伍是各地公安机关的主要做法，也是最为行之有效的做法。各地应当加强城市管理执法体制、机制、法制和制度创新，推动建立专门的城市管理执法公安保障机构和队伍，为建立健全城市管理执法公安协作机制奠定坚实基础。再次，要创新城市管理执法公安协作机制。各地应当积极探索创新，建立健全领导干部交叉任职、公安干警随行办案、部门联勤联动等工作机制。例如，通过设立城市管理公安联勤警务室，建立联勤工作机制，公安干警可以及时处置

妨碍执法的各类违法犯罪行为，城市管理执法人员可以充当社会治安联防员，共同维护社会管理秩序，形成优势互补、协调配合的"大防控"格局。通过数字化城市管理平台，可以实现社会治安、交通监控、市政管理等信息化资源的互联共享，提高城市治理的效能。最后，要依法查处妨碍执行公务和暴力抗法行为。各地公安机关应当依法、及时查处妨碍城市管理执法人员执行公务和暴力抗法行为，对造成恶劣影响和严重后果的，严肃追究其刑事责任，维护法律权威和执法人员的合法权益，为城市管理执法工作创造良好的外部环境。

　　另外，还应探索创新城市管理警察制度。在美国、日本、韩国、新加坡等国家和我国香港等地区，城市管理执法相关职责均由警察承担。日本的《轻犯罪法》和我国香港地区的《定额罚款（公共地方洁净罪行）条例》，均由城市管理警察负责执行。《中华人民共和国治安管理处罚法》中也规定了诸如养犬管理、社会生活噪声管理等方面的治安处罚条款。近年来，许多人大代表、政协委员提出，我国应当探索建立"轻犯罪"制度和城市管理警察制度，由城市管理警察队伍承担查处城市管理方面的"轻犯罪"的执法职责，提高城市管理执法的权威性和威慑力。各地特别是有地方立法权的城市可以在这方面进行积极探索，为创新城市管理执法制度积累经验。

（闵　锐）

加强城市管理执法与司法的衔接

《指导意见》提出，要建立城市管理部门与公安机关、检察机关、审判机关信息共享、案情通报、案件移送等制度，实现行政处罚与刑事处罚无缝衔接。加强城市管理执法与司法的衔接，既是现代城市管理工作的内在要求，也是维护社会主义法制统一、实现社会公正的必然要求。

一、深刻理解加强司法衔接的精神实质与重要意义

（一）加强司法衔接的精神实质

司法衔接强调部门间相关事权的衔接，包括行政违法与刑事司法的衔接，不仅仅是行政违法与刑事司法衔接产生的城市管理行政执法部门与公安机关的衔接，还包括行政违法与治安处罚产生的城市管理行政执法部门与公安机关的衔接，城市管理行政执法部门与审判机关的衔接，检察机关对城市管理行政执法部门、审判机关、公安等机关的司法监督等。

《指导意见》提出加强司法衔接，是对司法衔接工作实践的总结提升，是加强城市管理行政执法的重要理念，体现了立足全局、整合资源、整体联动的城市治理理念，是深入推进城市管理、实现政府创新城市治理方式、加强城市精细化管理的必然要求。

（二）加强司法衔接的重要意义

一是城市管理行政执法部门与公安机关衔接的意义。城市管理行政执法中环境秩序治理与治安秩序管理都是城市管理的重要组成部分，两

者相互依存、互为保障支撑。城市管理行政执法和公安执法是城市管理中两支最大的执法力量，双方靠前执法、密切协作、共同构建联合防控惩戒机制，从而有效解决环境秩序难题，遏制治安案件高发，提高城市管理整体效能。

二是城市管理行政执法部门与法院衔接的意义。城市管理行政执法部门与法院的衔接，主要体现在三个方面：第一，争取法院的支持，对没有强制执行权，或者当事人拒不接受罚款处罚或其他行政决定的，申请法院强制执行，捍卫法律尊严；第二，接受司法审查，作为被告出庭应诉，执行法院的生效判决、裁定，纠正违法行政的行为；第三，配合法院的执行，尤其是在法院强制执行涉及城管执法的行政案件时，当事人拒不执行的，提供必要的协助。

检察院是司法衔接的执行者与监督者，全过程参与、全方位监督，是实现严格规范公正文明行政执法的保障。

二、切实落实加强司法衔接的根本要求

（一）做好信息共享，奠定司法衔接坚实基础

《指导意见》指出建立城市管理部门与公安机关、检察机关、审判机关信息共享、案情通报、案件移送等制度，实现行政处罚与刑事处罚的无缝对接。健全完善的信息共享机制，是加强司法衔接的基础性工作，作为案件移送的平台要做到：一是制定部门间信息共享标准，打破"信息孤岛"，实现信息资源开放共享、互联互通；二是建立城市管理监管与行政执法部门、公安机关、检察机关间案情通报机制，做到移送有程序、受理有立案、处理有依据、反馈有记录；三是要便于监管，将城市管理行政执法机关移送的可能涉及治安处罚或者涉嫌犯罪的案件，通过电子办案系统，直接与公安机关相关办案平台对接；四是做到移送办案过程处处"留痕留迹"，检察机关对移送与接收案件双方开展实时监督。

（二）加强执法保障，维护行政执法神圣尊严

《指导意见》指出公安机关要依法打击妨碍城市管理执法和暴力抗法行为，对涉嫌犯罪的，应当依照法定程序追究刑事责任。加强执法保障：一是要求公安机关及时出警，行政执法机关在依法查处行政违法行为过程中，发现行政案件具有重大、敏感情形，可能涉及治安处罚或涉嫌犯罪的，认为案件现场情况复杂，对行政执法人员和相关当事人人身、财产产生较大威胁或者违法证据容易灭失，城市管理行政执法机关采取行政执法手段无法继续查证的，可以要求公安机关提前介入行政执法活动，共同组织调查取证，保护执法队员人身安全；二是摆正行政执法人员法律地位，保障执法是维护国家法律的尊严，法律是神圣不可侵犯的，代表国家依法履职的执法人员是神圣不可亵渎的，公安机关不能以处理民事纠纷者的态度对待依法履职的城市管理行政执法人员，应当严惩阻碍执法者，绝不姑息妨碍公务的行为。

（三）高效行政诉讼，畅通行政执法与法院司法的衔接

《指导意见》指出检察机关、审判机关要加强法律指导，及时受理、审理涉及城市管理执法的案件。城市管理行政执法机关应当接受法院的司法审查，涉诉时作为被告出庭应诉，依法执行法院的生效判决、裁定，纠正违法行政的行为。畅通城市管理行政执法与法院司法的衔接要做到：一是法院依法适用"简易程序"审理行政诉讼案件，促进"两千元以下罚款额"案件的快审、快执，通过压缩审理时限，提高案件执行效率；二是检察院与法院共同加强对城市管理行政执法机关的业务指导，尤其是对常见涉诉行政执法案件类型进行梳理，对各类案件查处标准、证据收集标准、法律适用进行规范、指导与说明。

（四）强调行刑衔接，实现行政处罚与刑事处罚无缝对接

《指导意见》指出检察机关有权对城市管理部门在行政执法中发现涉嫌犯罪线索的移送情况进行监督。城市管理部门对于发现涉嫌犯罪线索移送不畅的，也可以向检察机关反映。抓紧完善行政违法与刑事司法

衔接工作机制，主要是完善城市管理行政执法和公安执法工作衔接的流程、确定案件移送标准、落实检察院的监督作用。一是明确衔接案件可能涉及治安处罚或涉嫌犯罪两类，城市管理行政执法机关囿于执法手段等条件，无法全面准确地辨别案件的违法性质，所以对于可能涉及治安处罚或涉嫌犯罪的行为都一并移送公安机关处理。二是明确城市管理行政执法机关和公安机关案件移送的对接机构、工作程序、办理时限、结果反馈以及移送文书样式等。三是分别明确城市管理行政执法机关的案件移送证据标准、公安机关立案标准、检察机关立案标准。区别于公安机关的立案标准，制定城市管理行政执法机关切实可行的案件移送标准。四是加强案件线索的移送工作。为不错失打击违法犯罪行为的最佳时机，行政执法机关发现涉嫌犯罪的案件应在第一时间移送公安机关，公安机关通过进一步侦查确定案件是否达到治安处罚或涉嫌犯罪的立案标准。五是梳理常见高发的城市管理行政执法违法行为，拟定可能涉及治安处罚或涉嫌犯罪的行政违法与刑事司法衔接标准，开展衔接先行试点工作。使城市管理行政执法人员遇到可能涉及治安处罚或者涉嫌犯罪的案件时，有程序可遵守、有标准去取证、有互认文书可流转。以上工作的开展都需征求检察院的意见，检察院对行政违法与刑事司法衔接工作从机制设立到实操运行全程监督、指导，对应当移送的案件不移送，应当接收的不接收或者擅自以罚代刑、放弃移送义务的，要依法追究责任。

（五）落实强制执行，切实将执法成效落到实处

《指导意见》指出加大城市管理执法行政处罚决定的行政和司法强制执行力度。城市管理行政执法的手段较为单一，缺乏强制措施，如果作出的处罚决定不能有效执行，执法就相当于"打白条"。因此，法院的强制执行措施是城市管理行政执法与法院司法衔接工作的重点。要落实强制执行，一是要提高城市管理行政执法办案质量，标准化执法文书与证据收集工作，在案件申请法院强制执行，进入法院司法审查阶段

后，便于法院对案件开展形式与实质审查，从而在法定期限内压缩办案时间；二是要推广成立城管巡回法庭的做法，使城市管理行政执法机关与法院紧密衔接，提高行政管理效率与司法效率；三是要探索执法部门负责查处违法案件，法院督促执行、强制执行的做法。

（吴雨冰）

加强组织领导

加强党对城市管理工作的组织领导

《指导意见》第八部分对加强组织领导的问题进行了集中阐述。其中，党对城市管理工作的组织领导被放在首要位置予以强调。这不但说明了城市管理工作的重要性，也对党的领导提出了新的更高要求，我们在学习、贯彻中应当认真领会和把握。

一、做好城市管理工作 是新的历史条件下党领导和执政的重要内容

城市管理工作做得如何，既体现政府服务功能的发挥，更体现执政党的领导水平和执政能力。新中国成立后，我们党的工作重心从农村转向城市，城市管理工作作为一个新的课题摆在全党的面前。但我们党对城市工作的认识是逐步深化的。从历史上看，往往是在强调经济发展的背景下，我们会对城市工作给予更多重视。新中国成立之初，我们党非常重视城市发展，在经济恢复和对工商业的社会主义改造过程中，城市工作都是我们关注的最主要的领域。三年困难时期过后，我国曾分别在1962年、1963年以专业会议的标准，召开过全国城市工作会议。1978年，进入改革开放时期不久，国务院在北京召开了第三次全国城市工作会议，成为在改革开放推动下新一轮中国城市建设高潮的标志。

2015年12月20日，全国性的城市工作会议时隔37年后召开，而且由政府主持的"全国城市工作会议"升格为"中央城市工作会议"。在此前的11月9日，中央全面深化改革领导小组第十八次会议审议通过了《指导意见》。这两件事合在一起，不但反映出，城市管理问题已经成

为我国社会经济发展和国家治理的重要方面，而且体现了我们党对城市管理工作在国家治理中地位在认识上的高度自觉。

改革开放以来，中国经济经历了长达30多年的高速发展。与之相伴随，也正在经历着世界历史上规模最大、速度最快的城镇化进程，城市发展波澜壮阔，取得了举世瞩目的成就。城市是我国经济、政治、文化、社会各个方面活动的中心，在党和国家工作全局中具有举足轻重的地位，在我国经济社会发展、民生改善中发挥着重要作用。城市是我国各类要素资源和经济社会活动最集中的地方，全面建成小康社会、加快实现现代化，城市是"火车头"。要让这个"火车头"发挥作用，不但要抓城市发展，更要抓城市管理。世界各国发展的经验表明，城市一方面把各种资源集中起来提供给人们，让人们享受信息发达、文化发达、经济发达带来的种种好处，另一方面也会生出各种"城市病"，如环境污染、人口膨胀、住房紧张、交通拥堵。管理差的城市，也往往是社会矛盾冲突的引发点。这些年来，我们在推动我国经济社会和城镇化迅速发展的同时，管理城市的水平也在不断提高。但也必须看到，与国家和社会治理现代化的要求相比，与城市居民对高质量生活不断提高的期待相比，我国的城市管理工作还有明显的差距。因此，如何在推动发展的同时，有效化解由此产生的城市病，是执政党必须从赢得民心、提升公信力的高度来认识的问题。

二、城市执法体制改革本身的特点
要求加强党对这项工作的组织领导

在依法治国的背景下，依法管理是城市治理的基本形式。在长期城市管理活动中，我国已经形成了一套自己的城市执法体制。在充分肯定这套体制在城市管理中发挥积极作用、为城市发展做出积极贡献的同时，也必须清醒地看到这一体制存在的问题。近期发布的《法治政府蓝皮书·中国法治政府年度发展报告2015》指出，当前城市管理职权无

序扩张、执法程序不规范、执法效能不佳、暴力执法普遍等问题仍然突出。不能简单化地把这些问题看作只是城市管理存在的瑕疵，"瑕不掩瑜"，更不能把这些问题仅仅归咎于执法人员个人的素质和工作方式。它折射出来的是执法体制的问题，需要通过执法体制改革来解决。

城市管理的综合性，充分显示了深水区改革所具有的基本特征。我国改革已步入深水区。深水区的改革，不仅涉及政治经济文化生活方方面面，而且突出体现在深层次问题开始暴露，这些深层次问题盘根错节地扭结在一起，利益交错，矛盾交错，要求我们从社会发展规律和执政规律的高度来认识、思考和解决。这样的问题，既非只是一方面、一领域的问题，也非只涉及管理技术的问题，而是政治经济社会发展的大问题，与党实施领导和执政密切相关。城市管理和城市执法体制改革，就属于这样的问题。

城市管理执法改革涉及20多个部门，情况不一，处境不一，对改革的诉求不一，反映出矛盾错综复杂的特点，是深水区改革遇到问题的典型案例。对这样一个上接政治体制、下接民生民意的重大课题，处理不好，可能会引发更多、更大的问题。一方面，不改革肯定是不行的。城市管理不好，生活在其中的老百姓不满意，公权与私权的冲突会更加激烈，城市成为社会矛盾交织、爆发的场所。另一方面，虽然进行改革，但若改得不好，同样会影响党和政府的形象和公信力。甚至会出现一些部门借机揽权或借机推卸责任，导致权责进一步失衡的状况。还有可能带来执法边界不清，有执法权的不执法，没有执法权的在执法，执法出了问题无人负责，权力运行无序的乱象。所以，城市工作要树立系统思维，从构成城市诸多要素、结构、功能等方面入手，对事关城市发展的重大问题进行深入研究和周密部署，系统推进各方面工作。正因为此，《指导意见》才特别强调，要理顺管理体制，提高执法水平，完善城市管理，构建权责明晰、服务为先、管理优化、执法规范、安全有序的城市管理体制，让城市成为人民追求更加美好生活的有力依托。这都要求我们，应当把城市管理的问题当作巩固党的执政地位、提高党的领导水平和执政能力的重要举措来抓。

三、城市管理执法体制改革中需要解决的问题
对党的领导提出了新的更高要求

城市管理执法体制改革涉及立法、重新配置权力和社会参与等重大问题。解决这些问题，党的领导都是不可或缺的前提。

例如，城市管理立法。在深水区，改革特别需要有序向前推进。其中一条重要原则就是于法有据。城市管理执法体制改革同样如此。调查表明，专门就城市管理进行立法，使城市管理有法可依，是大势所趋。实践中有两种现象：一方面，要求出台全国性的专门立法的呼声比较强烈。另一方面，城市管理执法也并非全无依据，而是分散在各种法律法规中，由不同的部门来执行。老百姓对城市管理现状的不满，固然有一部分立法不足的因素，但主要还是由多头执法带来的混乱无序造成的。有的体现为执法者众多，群众不堪搅扰，觉得生活不方便、不满意；有的则体现为执法部门互相推诿、无人负责，难以给群众带来良好的生活秩序和环境，让群众觉得政府没有尽到自己的责任。鉴于此，应当着力于把分散在不同法律法规中的有关内容相对集中、整合，本着方便百姓的原则，政府尽量一个口对外，让老百姓有规可循。过去我们习惯的部门立法的方式，很难解决好这个问题，而且往往出现把部门利益捆绑到立法中去的现象，导致立法的公信力下降。改变这种状况，就应当努力使立法超越部门思维和部门利益，加强党对立法的领导，加强党对立法过程的统筹和协调。

又如权力重新配置和调整。城市管理主要是地方政府的事情。因此，随着改革的深入，地方政府城市管理执法的自主权会得到相应扩大。这里面，既包括调动地方的积极性，给它们进行执法权重组、探索大部门制以足够的空间和平台，也包括在机构、编制等方面，相应地给

予它们自主调节的空间。在这过程中，一些单位出于部门利益考虑，想方设法揽取或保留更多的权力，责任则尽量往外推的现象，肯定是会有的。因此，在中央和地方、部门和部门之间，应该像农村土地确权一样，对城市管理执法进行一次确权，划清边界，使权责对等，权随事走，杜绝"留权推事"的状况发生。所有这些，都需要各级党委担起统筹协调的责任。

再如，从城市管理走向城市治理，是城市管理执法体制改革的基本方向。城市管理要管的对象是普通老百姓，归根结底还要靠老百姓自己管理自己。只有公民充分参与的治理，才是高质量的治理。在我国，由于长期实行计划经济体制，忽视人们的利益诉求，造成了比较单一的行政管理模式。在市场经济激发人们追求合法利益的积极性从而使人们的利益诉求迅速增长，乃至出现"诉求爆炸"局面的情况下，参与公共事务管理，实现共治共享，成为城市管理的必然选择。短时期内民众诉求的激增，一方面成为推动社会前进的力量，另一方面，如果不能对其正确引导，也会因"参与过度"带来社会的不稳定。因此，加强党的领导，是有序地从城市管理走向城市治理的根本保证。

（王长江）

确保改革任务落到实处

城市管理事关城市的千家万户，事关政府的公信力和治理能力，考验党的执政能力和领导水平，是一项政治性很强的工作。同时，又是一项操作性很强的工作，体现在一系列具体的环节上，最终还是要变成一项一项的具体举措。因此，城市执法体制改革是否有成效，贵在落实。各级党委和政府要充分认识城市管理执法工作的重要性，确保城市管理执法体制改革的各项任务落到实处。

一、各级党委和政府切实履行领导责任

落实城市管理执法体制改革任务，《指导意见》首先强调各级党委和政府切实履行领导责任。党委和政府的领导责任主要体现在以下三个方面：

一是始终坚持有利于服务群众的原则。城市管理工作千头万绪，城市管理执法改革细致复杂，但服务群众的主线必须是明确的。强调这一点不是无的放矢。我们有些改革之所以效果不好，一个重要的原因就是背离了服务群众的原则。例如，有的部门为体现"负责"，设立琐碎的审批事项，老百姓往往被这种多头审批折腾得愁苦不堪；有的地方为保持整洁的市容市貌，一律禁止流动小商小贩、小市场，反而给老百姓生活带来了不方便。这些都是忽视了服务群众原则的缘故。

二是研究重大问题。党委和政府切实负责，不是党委政府把所有权力抓在自己手里，更不是把城市管理当作蛋糕切给每个部门，而是要研究有关城市管理和城市管理执法体制改革的重大问题。例如，贯穿《指

导意见》始终的一个重要思想是在城市管理领域推行综合执法，就有一个对原先分散在各个部门的执法权力进行重新配置的问题，需要党委和政府着眼政治大局、沿着科学化的方向来统筹和协调。又如，我国各个城市的情况千差万别，不可能按照一种模式来管理。怎样既体现自身特点，又和整个国家的治理现代化步调相和谐、相一致，也是党委和政府必须从全局加以把握的。

三是把握方向，分类分层推进。《指导意见》所强调的基本理念、思路都非常明确，但是，在改革过程中，有时会出现这种情况：虽然改革的初衷朝着正确的方向，改革的结果却可能和最初的愿望并不一致，甚至可能背离初衷，最后适得其反。因此，在整个改革过程中，需要及时辨明和把握方向。此外，城市管理遇到的情况非常复杂，不能指望把所有的问题都考虑周全了再加实施，而应当掌握火候，具体情况具体分析，分层分类推进。这是保证改革始终有实效的稳妥方法。

二、先行先试，稳妥有序地推进改革

城市管理工作和城市管理执法体制改革的复杂性，决定了这项改革不可能一蹴而就，不能简单地"毕其功于一役"。对于复杂问题，采取试点的方式，以点带面，以试点带动改革，是我国改革成功的一条重要经验。这次《指导意见》也提出了这方面的要求：各地可选择一个城市先行试点，直辖市可全面启动改革工作。

实践表明，试点是推进改革的行之有效的办法，也是邓小平推进改革的基本方式。中国如此之大，由中央提出一个详尽无遗的对各个地方各种情况都适用的具体方案，大家遵照执行，是不可能的。总是要由一部分地方、一部分人或一部分领域先试先闯，产生出经验，中央在这些经验的基础上加以概括、总结，对其中具有普遍意义的东西加以提升，方能成为我们的政策主张。中国的改革就是这样走过来的。城市管理同样不例外。从全国范围看，随着改革的深入，城市管理早已提上各地党委和政府的日程。一些地方的探索已经取得了一些富有成效的进展，具备了作为全面改革试点的良好条件。在这些已经有探索并取得了经验的地方，可以先行进行试点。

允许试点，就需要下放一些权力，给地方的探索和创新以必要的空间。客观地讲，任何改革都是对现有权力和利益格局的调整。因此，总免不了要和现行体制及其运行理念、运行方式发生磕磕碰碰。由此引起的风险，是进一步深化改革探索必须正视的问题。如果这些风险完全由改革者承担，那么可想而知，改革将无法继续进行。所以，给改革者提供足够的空间和平台，是把改革落到实处的重要手段。首先，应当尽早对现有涉及城市管理和城市执法的法律法规进行梳理，尽可能地减少其中妨碍改革的因素，拓宽路径；其次，按照权责对等的原则，尽可能把权力下放到直接担责的执行者，改变上面"留权推事"、下面"责大权小"的不合理状况；最后，在社会上营造宽容失误的氛围，建立对改革者进行激励的机制，让创新成为一种时尚。

三、加强对下的指导和督促检查

各级政府对试点和整个改革都要加强指导，制定具体方案，明确时间步骤，细化政策措施，及时总结试点经验，加以普及、推广，稳妥有序地推进改革。综观这些年的改革，取得的成就无疑是巨大的，不过也出现了一些值得注意的现象。我们看到，在全面深化改革的大背景下，地方上在各个方面都有不少探索和创新。但有一些创新项目形式上搞得热热闹闹，事后却往往经不起时间的检验，很快销声匿迹。究其原因，一是因为这些创新本来就属于政绩工程，主要目的不在于提高工作的水平，而是为了好看或是上级的要求，缺乏内涵；二是这些创新更多是停留在表面，停留在纸上，停留在汇报中，汇报完了创新也就结束了，上级政府缺少指导和督促检查。加强指导和督促检查，对于及时把改革推向深入，防止改革停留在表面、防止改革走过场、防止"雨过地皮湿"

现象是十分必要的。同样，对改革措施出台后的落实，也需要进行经常性的督促和检查，防止出现"夹生饭"。

加强督促检查，发现重要事项要及时向党委报告。城市管理执法体制改革是一项复杂的系统工程，一方面需要精心设计、精心施工；另一方面，由深层次改革的特性所决定，在改革过程中必然触碰到一些重大的深层次问题。例如，新制定的法规与原有法规在执行过程中可能出现冲突；虽然对权力进行了重新划分，仍有可能存在边界不清晰、职责不明确的地方；部门调整过程中，一些利益相关人员可能提出自己的诉求，希望再行考虑，等等。这些问题在设计时未必得到充分体现，但处理不好可能会引发更大的问题，必须及时报告党委，以便及时统筹和协调。

四、增强大局意识和责任意识

城市管理属于典型的地方性工作，但与中央和国家机关各部门有着千丝万缕的联系，也对中央和国家机关部门提出了要求。这些要求，至少包括以下方面：

其一，改革要求中央和国家机关有关部门更新观念。城市管理执法体制改革涉及党委和政府的许多有关部门，中央和国家机关部门是这些部门的上级领导机关，或对这些部门有业务指导关系。所涉及有关体制和事项的调整，也是对这些部门职能的调整。这就要求各个部门转变观念，打破那种封闭运行、各自为政的状况。这种状况，过去普遍存在。如果上级部门不改变以往的观念、考评标准和工作方式，改革也很可能半途而废。

其二，改革要求中央和国家机关有关部门正确对待权力的重新配置。过去的城市管理之所以往往力度不够、效果不好、矛盾突出，很重要的原因是人、财、物分散在多个部门手里，谁都管，却谁都缺乏足够的权威。这就需要重新配置权力，实行城市管理领域综合执法，行政处罚权相对集中，客观上提出了实行大部门制的要求。在大部制下，一些权力要从原有的部门转移到城市管理执法部门，另一些权力要交还给社会，还有一些权力则间接化了，以政府购买服务的方式体现。这一轮改革无疑会使各部门的权力受到比过去更多的限制。这就要求各部门克服本位主义，增强大局意识，以国家利益为重，满腔热情地支持改革。

其三，改革要求中央和国家机关各有关部门之间加强协调配合。城市管理执法体制改革是中央作出的一项重要的顶层设计。实施这一顶层设计，既需要国家机关各部门对地方的支持和配合，也需要这些部门之间的协调配合。必须打破部门之间权力配置不科学而导致执法权碎片化的状况，打破部门之间自觉不自觉的资源垄断和信息封锁，做到信息互通、资源共享，实现人、财、物的有效利用，才能形成管理和执法工作合力。

（王长江）

建立城市管理协调机制的重要意义

城市管理工作是一项综合的、复杂的、庞大的系统工程。一段时期以来，我国城镇化快速发展、城市规模不断扩大，不少城市在市政管理、交通运行、人居环境、公共秩序等方面发展滞后，存在城市管理体制不顺、职责边界不清、管理与执法衔接不紧、法律法规不健全等问题，这在一定程度上制约了城市的健康发展，迫切需要建立一套纵向顺畅快捷、横向密切配合的协调机制。加强和改进对城市管理工作包括人力、物力、财力和智力等诸因素的协调管理，进一步提升城市管理质量和水平，最大限度满足新型城镇化发展要求和人民群众生产生活需要。

一、建立协调机制是保证城市管理领域政令畅通、步调一致的需要

在贯彻落实中央城镇化工作会议、中央城市工作会议精神，深入推进城市执法体制改革、改进城市管理工作的过程中，肯定会遇到各种新情况、新矛盾和新问题，涉及各级政府部门和相关单位的切身利益，出现思想认识上的分歧和落实行动上的不一致，这就需要运用协调的手段来统一思想和行动，确保政令畅通、步调一致。必须树立高位协调的思想，抬高城市管理工作领导地位，发挥全国城市管理工作部际联席会议制度的作用，着眼统筹性、综合性、协调性特点，重视顶层统筹、顶层设计、顶层协调、顶层推动，切实解决好制约城市管理工作的各类重点、难点问题。必须强化各级政府的协调功能，切实把城市管理摆到关键位置，使之成为各级政府工作的重心和关键，做到思想上重视、行动

上坚决、投入上到位，抓好综合协调、规划计划、目标任务和督查落实等工作，确保落实不走样。必须提高横向协调的自觉性，各级政府应加强对城市管理相关部门职责分工和相互衔接问题的协调，各级城市管理主管部门应切实承担好第一责任，发挥好牵头协调作用，履行好各自职责；各城市管理相关部门应积极支持配合，自觉履行职责范围内的城市管理工作，不推诿、不扯皮、不懈怠，真正构建起"权责明晰、服务为先、管理优化、执法规范、安全有序"的城市管理体制，确保《指导意见》提出的各项方针政策顺利实施。

二、建立协调机制是强化城市管理综合统筹功能的需要

我国现行的城市管理体制以专业化管理为主，部门分工过细、职责交叉，多头管理、部门掣肘等问题比较突出，大多从部门自身利益出发制订政策法规，形成了政出多门、各自为政的局面，导致城市管理中遇到的一些需要跨部门、跨行业协调解决的问题得不到有效解决。党中央、国务院高度重视城市管理工作，明确了城市管理的指导思想、基本原则和总体目标，坚持协调创新，建立全国城市管理工作部际联席会议制度，强化部门联动配合，有序推进工作落实；要求各省、自治区政府也应建立相应的协调机制，加强对本地区城市管理工作领域的统筹协调，形成上下统筹推进的合力，协调解决城市管理工作重大问题，厘清各相关部门的职能，协调解决好职责衔接问题，统筹把握对大政方针和决策部署的推进落实。建立市、县政府主要负责同志牵头的城市管理协调机制，这里的市不单单指县级市，也包括计划单列市、省会城市、地区级城市，都应把城市管理作为政府"一把手"工程，市县长亲自抓协调，来弥补一线城市管理部门综合统筹职能不足、协调手段和力度不够的缺陷，实现对城市管理工作的统筹规划、综合协调、监督检查和考核奖惩。直辖市作为以城市为主体的省级行政单元，城市管理是直辖市政府最重要的职能之一，因此，主要负责同志也应当高度重视城市管理协

调工作，确保工作成效。

具体工作中，不仅要发挥好联席会议制度、"一把手"工程等协调优势，还要注重创新协调手段，为强化综合统筹功能提供保证。实践证明，最有效的协调手段就是加强考核评价和结果运用，市、县政府可建立"月检查、月排名、月曝光"等考评制度，考评结果实行"四个纳入"，即：纳入政府绩效管理，占一定比分权重；纳入领导干部政绩考察，作为综合评价的重要参考；纳入"以奖代补"，重奖先进；纳入政府信息公开，在官方媒体公布，接受群众和舆论监督。

三、建立协调机制是促进城市管理相关部门密切配合的需要

《指导意见》指出：城市管理工作主要包括市政公用设施运行管理、市容环境卫生管理、园林绿化管理等方面的工作，也涉及公共空间秩序管理、违法建设治理、环境保护管理、交通管理、应急管理等方面的相关工作。当前城市管理相关部门之间协调不力、沟通不畅、信息不明、底数不清，给城市管理和安全运行带来了被动。例如，建筑垃圾综合管理就涉及多个部门，住建部门管理建筑工地，城市管理执法部门对建筑垃圾运输车辆的车容车貌、是否苫盖等情况实行执法处罚，环保部门负责建筑垃圾运输车辆排放超标处罚，而这两个部门都没有上路拦车职能，负责道路执法检查的交管部门、交通运输部门却没有处罚建筑垃圾运输车辆是否苫盖、排放达标等职能。解决城市管理问题，各级政府必须建立综合协调机制，理顺城市管理部门与相关部门之间的关系，建立健全城市管理部门参与城市规划、城市建设实施情况的评估反馈制度，城市管理部门协助相关部门做好城市基础设施建成后的验收和移交工作，防止出现"规划漏项、建设甩项"问题。

随着城市化进程不断深入，我们居住的城市环境越来越复杂，天上架空线星罗棋布，地下市政管线纵横繁杂，各类设施相关信息分布在不

同部门和单位，信息互通、资源共享，在现代信息社会尤为重要。北京市开展了"互联网+城市管理"的有益探索，建立了"挖掘工程地下管线安全防护信息沟通系统"，主动补齐政府公共服务短板，形成了政府多部门、企业多方共同参与、合作共治的良好局面。据不完全统计，平台上线后，全市施工外力破坏地下管线事故数量同比下降达18%以上，取得了显著的社会效益。在"互联网+"时代，顺应城市发展趋势，充分应用信息化和互联网技术，在市、县相关部门间建立健全信息互通、资源共享、协调联动的工作机制，加强对交通、环保、水务、园林绿化等相关领域内涉及城市管理内容的统筹协调，做到统一规划、统一部署、统一标准、统一验收，真正形成城市管理和执法的工作合力。

四、建立协调机制是保障城市管理
跨领域综合执法无缝衔接的需要

《指导意见》明确，推进市、县两级政府城市管理领域大部门制改革，整合市政公用、市容环卫、园林绿化、城市管理执法等城市管理相关职能，实现管理执法机构综合设置。城市管理与执法如同"一体两翼"、"一车两轮"，互为一体，不可分割。当前一些城市政府部门，城市管理与执法部门分设，跨领域综合执法存在问题比较突出，如在店外经营治理过程中，管理部门众多，交管、城市管理、工商、食药监、市容等部门都能管，但"铁路警察各管一段"，各管理执法部门衔接也不够紧密，导致城市管理执法来了搬屋里，工商执法来了搬屋外，店外占道经营现象屡治屡返、屡返屡治，治理效果难以保持。解决好跨领域综合执法的问题，必须强化统筹协调，强化跨领域综合执法理念，相关管理部门协调配合、"无缝链接"，找准源头、多管齐下，一支队伍管到底，管理综合施策、执法全面出击，从源头上预防和减少违法违规行为。市、县政府和城市管理部门应重视科技信息技术的运用保障，加强"大网格"建设，整合各类监控资源，加强城市管理网与社会治安网、

社会管理网的有效衔接；升级网格化管理平台，加快推进网格化向全时段覆盖和向街道（乡镇）、社区（村庄）等基层延伸，为城市管理形成"大数据"支撑。建立"应发现尽发现、应处置尽处置"的问题处理机制，简化问题派发流程，缩短问题处理周期，落实问题处理责任，提高问题处理能力，提升城市管理水平。

（柴文忠、堵锡忠）

健全城市管理考核制度

《指导意见》提出，将城市管理执法工作纳入经济社会发展综合评价体系和领导干部政绩考核体系，推动地方党委、政府履职尽责。推广绩效管理和服务承诺制度，加快建立城市管理行政问责制度，健全社会公众满意度评价及第三方考评机制，形成公开、公平、公正的城市管理和综合执法工作考核奖励制度体系。加强城市管理效能考核，将考核结果作为城市党政领导班子和领导干部综合考核评价的重要参考。这一举措充分体现了城市管理工作的重要地位，强调了城市管理工作考核的导向作用，是推进城市管理工作水平不断提升的重要举措。

一、城市管理工作具有重要地位

改革开放以来，我国经历了世界历史上规模最大、速度最快的城镇化进程，城市发展波澜壮阔，城市在国民经济和社会发展中的作用与地位不断提升，日益成为国家治理和现代化建设的首要环节。

城市是现代文明的标志。城市环境好不好，竞争力强不强，既要靠建设，更要靠管理，建设提供硬环境，管理增强软实力。管理工作跟不上，城市功能和形象都会大打折扣。当前，我国城市发展开始转向规模扩张和质量提升并重阶段，城市管理工作将迎来许多新任务，既要加强对城市空间资源、公共秩序、运行环境的管理，还要为城市居民宜居宜业提供服务保障。城市管理的好坏，直接影响着人民群众的生产生活和城市自身的发展。城市环境是否优美，交通是否便捷，基础设施是否完善，社会生活是否有序，直接决定城市的发展前景。

党中央、国务院高度重视城市管理工作，城市工作会议要求，一定要抓住城市管理和服务这个重点，不断完善城市管理和服务，彻底改变粗放型管理方式，让人民群众在城市生活得更方便、更舒心、更美好。

二、城市管理面临诸多问题

（一）城市基础功能脆弱难以保障城市的安全运行

在快速城镇化发展过程中，由于城镇规划、建设和管理相脱节，许多城市的基础设施和公共服务设施留下不少历史欠账，造成危害城市公共安全的事件多发，急需改造提升。当前，比较大的城市交通拥堵已成为通病，城市"逢雨必瘫"、"城中看海"现象频频出现，给人民群众带来财产损失，甚至造成人员伤亡。地下管网也很薄弱，城市化发展和城市人口迅速增加及其伴生的地下管线超负荷、非正常运行，引发事故或存在较大安全隐患。

（二）城市管理执法冲突成为影响社会稳定的不利因素

由于管理手段粗放，城市管理执法工作被广为诟病。人民群众对城市优质公共空间日益增长的需求与现行粗放的、落后的城市管理模式冲突日益显现，突击性、运动性的管理方式往往会引发干群之间的冲突和对抗。同时，由于城市管理任务重、难度大、待遇低，一线城市管理人员严重不足，大量聘用协管人员上街执法，人员素质参差不齐，存在简单粗暴的执法现象，严重影响了政府形象。城市管理直接面对自然人，被管理者抵触、对立情绪严重。城镇化的过程中，大批农村人员进入城市，城市还有下岗职工需要再就业，他们普遍文化层次低，缺乏技能，只能靠做小商小贩维持生计，市民也需要小商小贩提供廉价便捷的商品和服务。成规模的市场成本较高，只能借违章占道经营谋求更多收入。在执法过程中，直接面对小商小贩，对于城市管理队员是无奈的工作，而对于小贩则直接涉及其自身利益，普遍存在抵触情绪，冲突事件时有发生，极易引发群体性事件，影响社会稳定。

（三）城市管理服务水平难以适应快速增长的民生诉求

城市规模快速扩张，人口急剧膨胀，但相应的农贸市场、停车场、垃圾中转站等城市基础设施的配套建设跟不上，不可避免造成马路摊点、乱停乱放、乱扔乱倒垃圾等城市管理难题。部分市政公用设施在设计上也没有达到便民、利民的目的。随着经济社会快速发展，城市化进程不断加快，流动人口大量涌入城市寻找生机，形成众多的经营群体。其中，流动商贩带来了侵占公共空间、影响市容卫生、污染城市环境等诸多问题。城市管理工作处于"你进我退，你退我进"和"拉锯战"的尴尬局面，周而复始，治标不治本，乱摆卖现象依然突出。

三、考核是加强城市管理工作的有效方式

《地方党政领导班子和领导干部综合考核评价办法（试行）》强调，要建立促进科学发展的干部考核评价机制，推动经济社会又好又快发展，把按照科学发展观要求领导和推动经济社会发展的实际成效作为基本依据，全面准确地考核评价地方党政领导班子和领导干部。深化干部人事制度改革，推动各级领导班子和领导干部树立正确的政绩观，必须按照"创新、协调、绿色、开放、共享"五大发展理念完善考核评价体系。

城市管理工作水平直接制约城市经济和社会发展的速度和质量，直接关系人民群众的生产生活，直接展示城市的对外开放和投资环境，必须充分重视其重要性，在政府工作中摆在更加重要的位置，切实研究解决现存的诸多问题。

新型城镇化背景下，衡量城市发展水平，必须坚持建设和管理并重，"面子"和"里子"一起抓。同时，不能只讲经济指标，必须高度重视和加强城市管理工作。为促进各级政府重视城市建设管理工作，务实推进，需要引入相应的城市管理考核评价机制。因此，将城市管理考核结果作为城市党政领导班子和领导干部综合考核评价的重要参考，具

有积极的导向作用。

我国经济发展进入新常态，城市发展正在加快转型，要求领导干部尽快"换脑筋"，认识新常态，适应新常态。城市的发展和进步，归根结底是新思想、新理念引领和推动的结果。任何改革创新，都始于思想观念的转变。《指导意见》提出的工作布局和工作重点考虑中，有不少转型发展的新理念、新变革。这就要求，各级领导干部必须率先解放思想，破除旧思维，树立新理念。做到这一点，既要通过教育和培训来引导，更要建立必要的考核约束机制。将城市管理工作考核结果作为城市党政领导班子和领导干部综合考核评价的重要参考，可以有力推动其发展思想观念的转变，不断创新城市管理工作。

四、探索建立科学的城市管理考核指标体系

我国城市管理还是一块"短板"，城市政府应把很大精力放到管理上，创新管理内容和方式，寓管理于服务之中，实现从传统管理到现代治理的转变。

我国地域广阔，民族众多，地理环境复杂多样，人口数量及地区经济发展水平极不均衡，造成区域间经济发展与现代化水平、社会建设完善程度、人居环境质量、历史人文特色等都存在明显的差异性。而造成差异的原因是多方面的，包括人口密度、资源禀赋等基础条件的差异，也包括国家政策、对外开放程度等外部环境的影响。

城市管理工作涉及政治、经济、文化和社会生活各个领域，要处理好局部与整体、近期与长远、需要与可能、经济建设与社会发展、城市建设与环境保护、现代化建设与保护历史遗产等一系列关系。

城市管理的差异性、复杂性，决定了要把城市管理工作考核结果作为城市党政领导班子和领导干部综合考核评价的重要参考，就必须建立科学的城市管理考核指标体系和标准，才能对城市党政领导班子和领导干部做到公平公正的考核评价。

　　考核指标体系和标准要充分体现不同区域的特点，要紧密结合各地区实际，按照推进主体功能区建设的总体要求，针对不同区域主体功能定位，突出不同区域的考核重点。要充分体现不同层次的特点，加强对党政主要负责人的考核。要充分体现不同类型的特点，按照不同领导岗位的职责和工作目标，把共性内容与个性内容结合起来，把过程性情况与结果性指标结合起来。要充分体现考核内容的激励性和约束性，突出对城市管理综合效益和长远效益的考核，激励领导班子和领导干部解放思想、实事求是、开拓进取。

　　总之，将城市管理工作考核结果作为城市党政领导班子和领导干部综合考核评价的重要参考，充分体现了城市党委和政府是城市管理工作的责任主体，是推动领导干部转变发展思想观念的重要手段。要通过建立科学的城市管理考核指标体系和标准，实现对城市党政领导班子和领导干部公平公正的考核评价。城市党政领导班子和领导干部要深刻理解和体会，切实履职尽责，不断提高城市管理水平，为积极推进新型城镇化建设做出应有的贡献。

（管又庆）

强调严肃工作纪律

《指导意见》明确提出，到2017年年底，实现市、县人民政府城市管理领域的机构综合设置；到2020年，城市管理法律法规和标准体系基本完善，执法体制基本理顺，机构和队伍建设明显加强，保障机制初步完善，服务便民高效，现代治理城市体系初步形成，城市管理效能大幅提高，人民群众满意度显著提升。稳妥有序推进城市执法体制改革，是实现《指导意见》提出的各项目标的基础和关键。城市执法体制改革工作涉及职责划转、机构和人员编制整合、调整，以及大量人、财、物的调整、划转，利益牵涉面广，政策性强，社会关注度高。各级党委政府必须严肃工作纪律，才能确保城市执法体制改革稳妥有序顺利推进。

一、严明政治纪律

党的十八大以来，习近平总书记反复强调，政治纪律是党最重要、最根本、最关键的纪律，是各级党组织和全体党员在政治方向、政治立场、政治言论和政治行为方面必须遵守的基本准则，是维护党的性质、宗旨、指导思想的根本规定。严守党的政治纪律，对于巩固党的团结统一，保持党的先进性和纯洁性，增强党的凝聚力和战斗力，保证党的路线方针政策和决策部署贯彻落实都至关重要。全体党员干部都应该自觉遵守政治纪律，各级党组织要自觉担负起执行和维护政治纪律的责任。推进城市执法体制改革，是党领导人民加强城市管理工作的重要举措，必须要强调严明政治纪律。

严明政治纪律，首先要加强思想政治工作，教育和引导城市管理和执法领域广大干部职工充分认识推进城市执法体制改革、改进城市管理工作的重大意义，自觉增强政治意识、责任意识和大局意识，积极参与和支持改革。各级党员领导干部要正确对待"进退留转"问题，服从改革大局，克服个人私利和小集体思想。

其次要认真贯彻执行中央关于城市执法体制改革的政策规定和工作部署，加强监督检查，确保政令畅通。要仔细分析和研究改革过程中可能出现的各种情况，妥善处理干部职工关心的问题，统筹推进各项具体工作，确保在改革期间思想不乱、工作不断、队伍不散。

最后，任何单位和个人不能以任何理由阻碍和抵制改革。对采取非组织行为，干扰和影响改革的；在部门和单位利益上纠缠不休妨碍改革的；推进工作不力，影响改革进度的；消极对待改革，打折扣、搞变通的，一经发现，都要严肃追究责任。

二、严格遵守机构编制和组织人事纪律

机构编制是各级党委、政府重要的执政资源和行政资源。加强机构编制管理，是加强党的执政能力建设和国家政权建设的重要基础性工作，是提升行政效能、控制行政成本的重要手段。推进城市执法体制改革，涉及职能和机构编制调整，工作量大面广，必须严格机构编制工作纪律。要认真贯彻执行《地方各级人民政府机构设置和编制管理条例》、《中共中央办公厅国务院办公厅关于进一步加强和完善机构编制管理严格控制机构编制的通知》（厅字〔2007〕2号）等文件规定，提高机构编制意识，遵守机构编制纪律，维护机构编制管理秩序。改革中涉及职责划转、机构设置和人员编制调整等事项，都要严格按程序报批。严禁越权审批机构；严禁擅自提高机构规格、增加内设机构、领导职数和人员编制；严禁超编进人、超职数和超机构规格配备领导干部；严禁上级业务部门干预下级机构设置和编制配备。

推进城市执法体制改革、加强城市管理工作关键在人，改革过程中

选人用人风气的好坏，直接关系到改革的成败，必须把组织人事工作纪律摆在更加突出的位置。要严格贯彻落实《党政领导干部选拔任用条例》、《事业单位人员管理条例》等组织人事工作各项政策规定，坚持党管干部原则，严格按照干部管理权限选拔任用、调整配备干部。严禁借机构改革之机违规进人、突击调整轮岗、突击提拔干部、突击评定专业技术职称；严禁采用"低职高配"、变相设置非领导职数等方式违规提高干部职级待遇；严禁领导干部利用职务便利要求或者指使提拔、安排配偶、子女、亲友以及身边工作人员；改革涉及的人员要自觉服从组织安排，不准跑官要官和托人说情打招呼，不准拒不执行组织作出的机构调整、职位变动和干部交流等决定。在干部调整工作中，要严格做到公平、公正、公开，既强调干部个人服从组织，也要尊重干部个人的意愿，妥善安排好干部，不能简单地搞年龄"一刀切"，不得借人员定岗之机弄虚作假、徇私舞弊、打击报复。凡违反组织人事纪律作出的决定，一律无效，并追究有关人员的责任。

三、严格执行财经纪律

严格执行财经纪律，是贯彻落实中央八项规定精神、加强党风廉政建设和反腐败斗争的重要保证，对于保证城市执法体制改革顺利推进，具有十分重要的作用。改革涉及的单位，要在财政、审计、监察等部门监督下，严格执行各项财经纪律和国有资产管理规定，认真做好资产清查登记、账务结算、审计和交接等工作，严防国有资产流失。要切实加强对资产和财政账户的管理，不得弄虚作假、瞒报漏报，不得随意变更、毁坏财会账目和凭证；不准隐瞒、截留、挪用公款或虚报、冒领专项资金；不得擅自改变资产用途，不得转移、转卖、转借、私分或以其他方式擅自处置公款公物。严禁借改革之机突击花钱、变相发放或私自转移钱物；严禁抽逃资产、资金、隐匿财产或捏造债权债务、逃避债务，确保国有资产安全、完整。

要严格落实中央八项规定精神，坚决禁止各种借改革之机挥霍公款、奢侈浪费的行为。不得以任何借口搞迎来送往、公款吃喝、考察旅游以及其他娱乐消费活动；不得用公款购买和赠送各种纪念品或土特产品；不得以任何形式违规发放津贴、补贴、奖金和实物;不准突破办公用房标准和超标准配备办公设备。

各级纪检监察、组织人事、机构编制、财政、审计、住房城乡建设等部门要认真履行职责，加强协调配合，帮助指导涉及改革的单位做好职能转移、机构调整、人员分流、资产划转等工作。要加大监督检查力度，及时发现和纠正改革中存在的问题，保证各项纪律规定不折不扣地贯彻落实，凡在改革中不遵守各项纪律规定的，要严格按照《中国共产党纪律处分条例》、《行政机关机构编制违法违纪行为政纪处分暂行规定》、《党政领导干部选拔任用工作责任追究办法（试行）》等党纪政纪和法律规定，坚决查处；对情节严重、造成恶劣影响的，要追究有关领导责任；触犯刑法的，要移交司法机关处理。

深入推进城市执法体制改革、改进城市管理工作是一项复杂而系统的工程，工作任务艰巨而繁重，各级党委政府要严格按照中央要求，落实责任，严肃工作纪律，确保城市执法体制改革稳妥有序、风清气正。

（王立秋）

为城市管理工作营造良好舆论环境

当前，城市管理工作陷入了不是"城管打人"就是"城管被打"的负面舆论漩涡，群体形象被贴上了"暴力执法"标签，饱受社会诟病。如何发挥舆论引导的"正能量"，改变"一边倒"的负面舆情现状，成为当务之急。《指导意见》从各级党委政府、城市管理部门、宣传部门、新闻媒体等多个角度，对如何为城市管理工作营造良好的舆论环境提出了明确要求，可以说是切中要害，具有很强的针对性和时效性。对此，可以从以下几个方面来把握。

一、充分认识加强城市管理舆论宣传工作的重要意义

舆论是社会意识和人类社会活动的产物，表达的是公众对社会公共事务的意见。现代社会舆论的作用巨大，已经成为影响国家治理、群众情绪、社会思潮乃至社会稳定的重要因素。有效引导社会舆论，有利于统一思想、凝聚力量，有利于发挥主流意识形态社会导向功能，有利于实现社会和谐稳定。没有社会舆论的和谐，就不可能有社会的和谐，社会舆论和谐的程度反映着社会和谐的程度。营造和谐的社会氛围和舆论环境，引导人们树立和谐的社会观念，对我国社会主义意识形态建设至关重要。

城市管理工作涉及面广，工作量大，与广大市民的生产生活息息相关。作为普遍市民生活中最经常接触到的行政管理和执法队伍，城市管理队伍往往需要面对各种复杂的社会矛盾，从诞生之日起就处在社会舆论的风口浪尖。特别是随着新型城镇化的快速发展，大量新市民涌入城

市，城市基础设施和公共服务设施难以满足市民需要，给城市管理工作造成了巨大的压力。加上多种社会矛盾的交织累积，城市管理工作经常成为社会舆论的焦点话题。中国社科院发布的蓝皮书《形象危机应对研究报告2013—2014》显示，"城管"因"暴力执法"、"作风粗暴"被群众认为是当前中国最差的形象群体。造成这一局面的原因是多方面的，不乏城市管理和执法体制、机制、制度和城市管理队伍自身素质等因素，但各级党委、政府对城市管理相关社会舆情缺乏足够的重视，在正确引导社会舆论、科学应对舆论热点问题等方面能力不够、经验不足更是重要原因。

在互联网时代，新媒体往往片面追求"眼球效应"，负面舆情容易被"爆炸性"地放大并迅速传播。如果各级领导干部缺乏对社会舆论的高度重视，不能在第一时间积极应对舆论焦点问题，及时披露真相，表明态度，引导舆情，而是一味遮掩拖延，被动应付，甚至用"临时工"等借口作挡箭牌，只会丧失舆论宣传的先机，陷入被动的困局，造成群体形象的严重损害。城市管理队伍社会形象的"标签化"和"妖魔化"，便是最好的例证。

要为城市管理工作营造良好舆论环境，重塑城市管理队伍的社会形象，无论是各级党委和政府，还是基层城市管理干部，都必须高度重视舆论宣传工作，牢牢掌握城市管理工作舆论宣传的主动权和话语权，提高同媒体打交道的能力，系统宣传党和政府的方针政策，树立行业典型，化解矛盾冲突，凝聚改革共识，改变和提升城市管理队伍形象。

二、健全党委政府领导下的宣传和舆论引导工作机制

我们党历来高度重视宣传和舆论引导工作。习近平总书记强调，"做好宣传思想工作必须全党动手。各级党委要负起政治责任和领导责任，加强对宣传思想领域重大问题的分析研判和重大战略性任务的统筹指导，不断提高领导宣传思想工作能力和水平。要树立大宣传的工作理

念，动员各条战线各个部门一起来做，把宣传思想工作同各个领域的行政管理、行业管理、社会管理更加紧密地结合起来。"贯彻落实党的新闻舆论工作座谈会精神，建立健全党委政府领导下的宣传和舆论引导工作机制，为坚持正确舆论导向提供组织保障和制度保障，是一项极具现实性和紧迫性的工作。

第一，要充分发挥各级党委政府的组织领导核心作用。各级党委政府要切实加强对宣传和舆论引导工作的组织领导，以强烈的责任感和担当精神把党管宣传、党管意识形态的要求落到实处，提高对城市管理宣传和舆论引导工作的重视程度，将改革实施与宣传工作协同推进，在深化改革的同时努力培育和践行社会主义核心价值观，巩固发展健康向上的主流舆论，为城市管理事业发展奠定坚实的思想基础，确保各项改革措施顺利实施。

第二，要加强中央和地方宣传联动。城市管理宣传和舆论引导工作涉及新闻出版、广播影视、互联网等不同类别媒体，中央和地方各级宣传、新闻出版、广播影视、互联网主管部门都有责任加强各自领域内媒体宣传和舆论引导工作的监督管理，都应当在城市管理宣传和舆论引导工作中发挥主导作用，加强协调配合，形成宣传和舆论引导部门联动协作机制，加强对各类新闻媒体和新闻传播活动的行政监管，形成弘扬主旋律、传播正能量的浓厚氛围，正确引导社会预期。应当充分发挥中央和地方主流媒体的作用，构建传统媒体与新兴媒体有机融合的宣传阵地，加强城市管理政策法规的宣传普及，弘扬社会主义核心价值观，增强市民的文明意识和法律意识，唤起全社会对城市管理工作的重视、理解和支持。

第三，充分发挥先进典型的引领示范作用。榜样的力量是无穷的。先进典型最具说服力、影响力和感召力。改变和提升城市管理队伍形象，促进城市管理工作发展，离不开先进典型的引领示范作用。各地城市管理部门应当加强对城市管理执法先进典型的正面宣传，充分挖掘先进典型的时代特色和自身特点，重点关注爱岗敬业、无私奉献、锐意进取、善于创新的干部职工，注重用身边的人说身边的事，用身边的事教育身边的人。

三、保障市民的知情权、参与权、表达权、监督权

保障市民的知情权、参与权、表达权、监督权，首先要推进城市管理执法信息公开。《中共中央关于全面推进依法治国若干重大问题的决定》明确要求，"推行行政执法公示制度"。建立城市管理执法公示制度，推进城市管理执法信息公开，既是增强城市管理执法透明度、提升执法公信力的重要举措，也是建立健全执法制约监督体系、促进执法理念转变和执法方式方法创新的有效手段。

第一，要建立城市管理执法公示制度。各地城市管理部门应遵循合法、及时、准确、全面、便民的原则，坚持以公开为常态、不公开为例外，依法、有序地向社会公众公开城市管理部门的执法职责、权限、依据、程序、结果、行政相对人的救济途径等相关信息，强化对城市管理执法活动的监督，规范执法行为，构建起制度化、程序化、规范化的执法工作机制，切实保护公民、法人和其他组织的合法权益。对涉及公共利益、公众普遍关注、需要社会广泛知晓的行政执法信息，城市管理部门应当主动向社会公开；对不宜向社会公开，但涉及特定对象权利义务、需要特定对象知悉的，应当告知特定对象，或者为特定对象提供查询服务。

第二，要制定和公布权责清单。各地城市管理部门应当对行政许可、行政处罚、行政强制、行政征收、行政收费、行政检查等行政权力进行全面梳理，明确职权范围，编制权力目录，发布权力清单和责任清单，向社会全面公开机构职能、法律依据、实施主体、职责权限、管理流程、监督方式等事项，推进城市管理和执法权力公开化、透明化。

第三，要依法公开涉及公民、法人或者其他组织权利和义务的规范

性文件。各地城市管理部门根据工作需要制定发布的涉及公民、法人或者其他组织的权利义务的规范性文件，应当按照《政府信息公开条例》第十条的规定予以公布；未经公布的，不得作为行政管理的依据。

第四，要大力推行政务公开信息化。各地城市管理部门应当充分运用现代信息技术手段，发挥互联网政务信息服务平台和便民服务平台的作用，创新城市管理执法信息公开方式，为市民提供全面、准确、及时、便捷的执法公开服务。对申请公开执法信息的，应当按照申请人的要求，以邮寄、传真、电子邮件等方式提供。无法按照申请人要求的形式提供的，可通过安排申请人查阅相关资料、提供复印件等方式提供。通过法制宣传、法律咨询，印发执法公开手册、办事卡片、便民手册等资料，开通网上投诉监督功能，或者邀请人大代表、政协委员、执法监督员、社会公众、基层组织代表参与执法过程中的听证、评议、调解等方式，畅通市民监督城市管理执法活动渠道。

四、提高城市管理执法工作的舆情应对能力

打铁还需自身硬。各级党委政府对舆论宣传工作的高度重视和对媒体传播手段的全面掌握，只是具备了营造良好舆论环境的基础条件。要使舆论宣传工作取得良好实效，还必须进一步掌握舆论宣传工作的主动性，提高舆情应对能力。

第一，要建立健全舆情应对工作机制。各级城市管理部门应从城市工作的大局出发，制订城市管理舆情应急预案，建立健全舆情监测、分析、研判、预警和应急处置等工作机制，定期采集舆情信息，及时掌握舆情动态，准确把握舆情焦点，科学采取应对措施，正确引导舆情走向，妥善化解舆情危机。对容易引发媒体过度炒作的重大事件，应当及时向各级宣传和网络监管部门通报舆情动态，加大信息公开、舆情引导工作力度，形成客观、公正、理性的舆论导向。

第二，要提高突发事件应对能力。各地城市管理部门应强化舆情危

机应对能力，在突发事件发生后及时启动应急工作机制，及时发布相关信息，回应社会关切，澄清不实信息，树立公开、公平、公正的执法形象。在处置舆情问题过程中，应充分认识、遵循新闻传播规律，找准舆情应对的切入口，增强有效信息公开透明度，提高沟通交流能力，既要尊重市民的参与权、知情权，回应市民关切，又要善于因势利导，加强与社会公众的良性互动，引导市民正确认识事物的真相，确保取得最佳的舆论引导效果。要坚决杜绝"生、冷、硬、横"等错误态度，杜绝置之不理、简单否定、随意表态、刻意隐瞒等错误做法，避免舆论不满加剧，负面情绪堆积爆发。

第三，要通过网络走群众路线。各地城市管理部门应高度重视营造正能量的网络舆论环境，对网民建设性意见要及时吸纳，对困难要及时帮助，对不了解情况的要及时宣介，对模糊认识要及时廓清，对怨气怨言要及时化解，对错误看法要及时引导和纠正。主动配合相关部门打击网络非法传播活动，查处制造、散布虚假信息行为，改善网络舆论环境。充分发挥官方微博微信、门户网站、新闻客户端（APP）等新媒体平台作用，主动发声，赢得网络宣传的主动权，占领新闻舆论宣传的制高点，消除虚假信息和网络谣言的生存空间。加强宣传队伍特别是网络宣传队伍建设，注重培养网络评论员、网上意见领袖，善于运用"网言"、"网语"有针对性地开展网上评论，主动占领网络舆论阵地，让网络成为人民参与管理城市、接受人民监督的重要渠道。

（杜久才）